保育の心理を学ぶ

長谷部比呂美
日比 曉美
山岸 道子

ななみ書房

まえがき

　本書は，保育士や幼稚園教諭になることを目指して学ぶみなさんに向け，こころの発達についていっそう興味を深め，確かな知識を身につけていただくことを願ってまとめられたテキストです。保育者には，どんな時も子どもの傍らに寄り添う温かさや伸びゆく子どもの可能性を信じる強さ，それを裏打ちする心理発達の道筋についての的確な理解や正しい知識が求められます。

　本書は，5つの章から構成されています。1章〜4章は，2011年度から実施される保育士養成新カリキュラム「保育の心理学Ⅰ」に添った章立てとして，保育に関わる発達心理学の基本的知見を整理し，人間の心理の生涯発達を概観しています。養成課程のテキストとして，授業によって説明を加えていただいたり，さらに関連事項や深い内容を補っていただくことを前提に，基本的事項のみをできる限りコンパクトに，平易に概説することを心がけました。5章は実践事例とその解説からなっています。4章までに概説した知見や心理学的なもののとらえ方が，事例に登場する子どもたちから立ちのぼる息吹と，自ずと結びついて感得していただけるよう工夫しました。自学自習される際には，まず5章から読み進んでいただき，実践場面でのリアルな子どもの姿に重ね合わせて，心理学の理論を身近に感じていただけると幸いです。また，各章の随所に，保育を志すみなさんに紹介したいトピックをコラムとして配しました。

　学生のみなさんの興味関心を大切に育てることのできるテキストにという本書の企画は，日々，養成教育に携わる執筆者一同にとって大変有り難いものでした。子どもの心理について興味をもって入学される方は多いのですが，知識・理論の満載されたテキストに難解なイメージを抱かれるのでしょうか，学ぶ意欲を削がれてしまうケースも散見されるからです。全章を通して少しでも読みやすくわかりやすくと心がけましたが，まだ改善すべき点も多く，今後，ご意見やご講評を賜りながら，養成教育の心理学テキストとしてより適した内容に改めて参りたいと願っています。

　ななみ書房・長渡晃氏には，教育的な配慮に満ちた企画や編集はもとより，折に触れて，懇切なるご助言と熱意に支えていただきました。心より深く感謝申し上げます。また，本文中のカットは，学務の場で学生を支援して下さった小川和子さんと，可愛らしく的確なイラストを付して発達心理学の授業のノートをとっていた峠奈保美さんにお願いしました。ここに記して，心から感謝致します。

　2011年2月

著　者

もくじ

まえがき

第1章　保育と心理学

❶ 子どもの発達を理解することとは …………………………………… 7
  ① 生涯発達する人間　7
  ② 発達の理論　9
  ③ 乳幼児の発達の理解　11
  ④ 発達理解の実際　15

❷ 保育実践の評価と心理学 ……………………………………………… 16
  ① 保育とは　16
  ② 保育実践の評価　17
  ③ 子どもに対する評価　18
  ④ 評価の方法　20

❸ 発達観，子ども観と保育観 …………………………………………… 21
  ① 発達観　21
  ② 子ども観　21
  ③ 保育観　23

第2章　子どもの発達の理解

❶ 子どもの発達と環境 …………………………………………………… 25
  ① 子どもと環境　25
  ② 子どもの気付きと理解　27
  ③ 環境との相互作用　29

❷ 感情の発達と自我 ……………………………………………………… 31
  ① 感情とは　31
  ② 感情の発達と自我　33
  ③ 感情表出の発達　35

❸ 身体機能と運動機能の発達 …………………………………………… 36
  ① 身体機能の発達　36
  ② 運動機能の発達　39

❹ 感覚・知覚と認知の発達 ……………………………………………… 42

　　　　① 感覚・知覚の発達　　42
　　　　② 思考の発達　　45
　　　　③ 記憶の発達　　47
　　5 ことばの発達　－話して伝える，考える ………………………………… 48

第3章　人との相互的関わりと子どもの発達

　1 基本的信頼感の発達 …………………………………………………………… 53
　　　　① 新生児の微笑み－母子の相互作用　　53
　　　　② 愛着－親子の心のつながり　　54
　2 愛着のひろがり－他者との関わり ………………………………………… 54
　　　　① 愛着の発達　　54
　　　　② 愛着の発達にみられる個人差　　55
　　　　③ 仲間関係－社会性の発達　　57

第4章　生涯発達と初期経験の重要性

　1 生涯発達と発達援助 …………………………………………………………… 61
　　　　① 人生周期（ライフサイクル）と漸成　　61
　　　　② 初期経験　　63
　　　　③ 発達援助　　64
　2 胎児期および新生児期の発達 ……………………………………………… 66
　　　　① 胎児期の発達と誕生　　66
　　　　② 新生児期の反射と行動　　69
　　　　③ 胎児期・新生児期の環境と健康および障害　　70
　　　　④ 胎児期・新生児期の発達援助　　71
　3 乳幼児期の発達 ………………………………………………………………… 71
　　　　① 乳児期　　71
　　　　② 幼児前期　　72
　　　　③ 幼児後期　　74
　　　　④ 乳幼児期の発達援助　　76
　4 児童期から青年期の発達 …………………………………………………… 79
　　　　① 児童期(学童期)　　79
　　　　② 青年期　　80
　5 成人期、老年期の発達 ………………………………………………………… 83
　　　　① 成人期　　83

　　　　②　老年期　83

第5章　実践事例と解説

　　　事例❶　「奏ちゃんのお弁当」（自己体験による学習）　86
　　　事例❷　「尚果ちゃんのヒゲ」（感情の発達と自我）　89
　　　事例❸　「4歳のこころ」（自己主張・自己抑制）　93
　　　事例❹　「スイカの種」（自分の保育実践で，保育者の子どもを見る目）　97
　　　事例❺　「みなみちゃんのお迎え」（母親という環境）　100
　　　事例❻　「自分がいる，自分でない人がいる」（発達援助）　103
　　　事例❼　「さっちゃんのひとり言」（考えるための言葉）　107
　　　事例❽　「だれのか覚えてるよ」（記憶の発達）　111
　　　事例❾　「葉っぱのお皿」（象徴機能の獲得）　114

　　　引用・参考文献
　　　さくいん

　執筆分担（執筆順）

　　　［日比］　　第1章❶❷❸　　第2章❶❷❸　　第4章❶❷❸
　　　　　　　　　実践事例解説　❶❷❸❹❺❻
　　　［長谷部］　第2章❸❹❺　　第3章❶❷　　第4章❹❺
　　　　　　　　　実践事例解説　❼❽❾
　　　［山岸］　　実践事例　❶❷❸❹❺❻❼❽❾

第1章 保育と心理学

1　子どもの発達を理解することとは

1　生涯発達する人間

❶　まとまりをもった全体としての人間

　生きているものの最大の特徴は自分で自分をつくることにある。それを自発的組織化という。人間も生きものであるので，自ら，自分をつくり，変化・発展する。発展には**可塑性**があり，変化しながらもまとまりをもった全体であり続ける。

　人間の最大の特徴は，常にまとまりをもった一つの全体であり続けることであるが，これは大脳の統合機能による。人間は，時間の経過とともに細かく機能が分化しながらも，部分相互の有機的で複雑な関係により，常にまとまりをもち続け，全体が部分の総和以上の高次な働きを生み出す複雑なシステムである。

❷　生涯発達を続ける人間

　受精以来，時間の経過とともに，心身が量的および質的に変化することを**発達**という。人間の発達は生涯続くものである。受精卵として出発し，生涯

可塑性：変形し，変形をとどめる性質

発達：「発達」という用語は狭義か広義の，どちらかの意味で用いられている。狭義の「発達」は成熟とほぼ同じ意味である。「発達と学習」という用いられ方をするときの「発達」は狭義の発達である。それに対して，広義の「発達」は，「成熟＋学習」の意味で用いられる。「乳幼児期の発達の特性は体験を通して進むことにある」などという場合の「発達」は，広義の発達である。

を終える時まで，人間は成熟と学習を続けるのである。

3　発達の順序性と方向性

発達には**順序性**と**方向性**（図1-1）（図1-2）がある。

脳・神経系は器であり，こころはその働きである。それらは，学習を担う装置であるが，からだの他の部分と同様に，比較的強固な発達の順序性や方向性をもつ。そして，脳・神経系の発達の特徴である可塑性は，幼少期に大きい。

からだとこころにはいろいろな部分があるが，それらの発達の速さや時期は異なり，その時々の特徴的な変化・発展が続いていく。

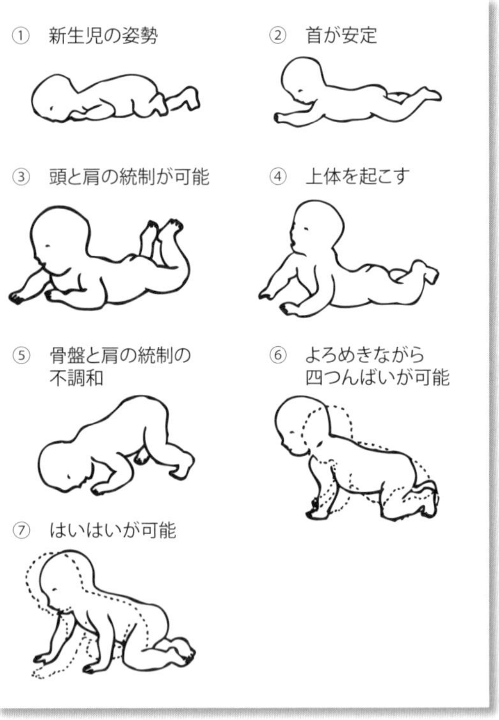

図1-1（右）
発達の順序性（はいはいの始まりまで）

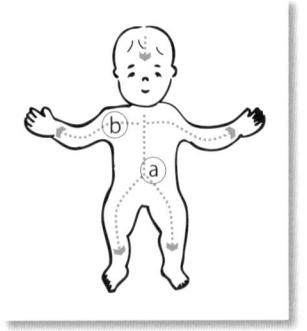

図1-2（左）
発達の方向性
（ⓐは頭部→尾部方向への発達を示し，ⓑは中心部→周辺部方向への発達を示す。）

① 新生児の姿勢
② 首が安定
③ 頭と肩の統制が可能
④ 上体を起こす
⑤ 骨盤と肩の統制の不調和
⑥ よろめきながら四つんばいが可能
⑦ はいはいが可能

4　こころとからだ

こころの働きを含めたさまざまな役割を担っているからだの各器官系統はそれぞれの役割をもった複雑なシステムであるが，各器官系統間にも密接な関係がある。

「こころ」と「からだ」については昔から**密接な関係**があるといわれてきた。神経系と内分泌系，内分泌系と免疫系の関係は以前から知られていたが，最近，神経系と免疫系の関係が明らかにされ，今日，神経系と内分泌系と免疫系は相互に影響を及ぼし合う関係であると理解されている。

密接な関係：不安を強く感じる時には胃腸の調子が悪くなったり不眠に陥ったりするなど。

5　人間発達と初期環境

人間の発達は生涯続くものであるが，どの時期も同じ重さをもつものではない。初期の発達と後期の発達とでは意味が異なり，初期の発達は重要性を

もつ。

　初期の発達を順調に進めるためには，環境の重要性は動かしがたい。1970年代はじめに山梨県で発見された子どもたちや，ルーマニアのシャウシェスク政権下で育った子どもたちなどの，愛情遮断性発育遅滞と呼ばれる心理社会的発育遅滞の報告からも，初期環境が子どもの発達に大きな影響を与えることが分かる。

　加えて，昨今，新たな脅威として出現した問題がいわゆる環境ホルモンの問題である。環境ホルモンによって発生のプロセスが撹乱されれば，これまで予想できなかった**さまざまな問題**が起こりうる。

☞山梨県で発見された子どもたちは社会的隔離児と呼ばれている。

さまざまな問題：生殖器官の奇形や生殖能力のみならず性行動や知能・学習能力への影響も懸念される

2　発達の理論

1　フロイトの理論

　精神分析学の創始者フロイトS.は，精神科医としての治療の過程で無意識と遭遇した。また，症状の原因が患者の幼児期体験との密接な関連を示唆する症例と出会い，それらをもとに独自の人格発達理論を構築した。彼は人間のこころの構造を発生的にとらえ，行動や発達を推進させる力として**リビドー**（libido）というエネルギーを考えた。

年齢	0	1	2	3	4	5	6	12	20	30	65
フロイトの心理性的段階	口唇期	肛門期		エディプス期			潜伏期	思春期	性器期		
エリクソンの発達段階	乳児期	乳児前期		幼児後期			児童期	青年期	成人前期	成人中期	成人後期
発達課題対危機	基本的信頼対不信	自律性対恥・疑惑		自発性対罪悪感			勤勉性対劣等感	自我同一性対同一性拡散	親密性対孤独	生殖性対停滞	自我の統合性対絶望
人格的活力	希望	意志		目的			有能感	忠誠	愛	世話	知恵
ピアジェの発達段階	感覚運動的段階		前概念的思考期	前操作期	直感的思考期		具体的操作期	形式的操作期			

表1-1 フロイト・エリクソン・ピアジェの発達段階のまとめ

リビドー：ラテン語で快，喜びを意味し，性的な行動を含む行動全般を支配する生物学的基礎をもつ心的エネルギーと解されている。

　彼の，リビドー満足とそれをめぐる心理的側面の発達は心理性的発達と呼ばれている。彼はその発達段階を6つの段階に分け，思春期を経て人間は成熟に達すると考えた。それらは心理性的段階と呼ばれている。そして，各段階でのリビドー満足が不足したり，過度になったりした時，その段階特有のパーソナリティ（固着性格）が生じるというのである。

フロイトの理論：フロイトの理論は精神分析学的発達理論と呼ばれているが，幼児期決定論であると批判もされている。

2　エリクソンの理論

　フロイトに対し，エリクソン,E.H.は精神分析学的立場を踏まえながらも生物学的・心理性的な見方に偏ることを避け，人間のより社会的・文化的側面に注目し，誕生から死に至るまでの生涯を連続してとらえる「**人生周期**（life-cycle）」という構想を提唱した。

　人間の生涯を**8つの階層**（段階）に区分し，階層間には，誕生のほうから順序をとばすことなく，以前の階層を土台としてその次の階層が成立するというように「**漸成**」（epigenesis）の過程をたどるとする。

　ハヴィガースト,R.J.にならって発達課題を設定しているが，その発達課題は「危機」を背景にしており，発達課題の達成に成功するか，失敗するか，

エリクソンの理論☞第4章／①人生周期と漸成（p.61）参照

漸成：〜の上に生成するという意味。

漸成的図式☞第4章／①人生周期と漸成（p.61）参照

> エリクソンの理論：エリクソンの理論は精神分析学的自我心理学と呼ばれ，その発達を心理社会的発達という。
> ☞第4章／①人生周期と漸成（p.61）参照

生涯には特に危機をはらんだ8つの時期が含まれている。そして，その課題を達成する過程で「人格的活力」（virture）が漸成されるという。これは，人間が基本的にもっている人間の活動を意味づけて生き生きさせる，社会の中で，他の人と健康に生きるために必要不可欠なエネルギーのことである。

エリクソンは，人間を，「誕生後の発達の過程においてそれぞれの階層で解決すべき課題と取り組み，自我の統合に到達することを目標に発達し続ける存在」としてとらえている。

3　ピアジェの理論

> ピアジェの理論☞第2章／②思考の発達（p.45）参照

子どもの認知発達の研究に多大の貢献をしたのはピアジェ,J.である。彼は身体的行動が内面化したもので，一貫した構造性・体系性をもった心的活動を「操作」（operation）と呼び，操作の段階を前操作期，具体的操作期，形式的操作期の3つの段階に区分している。

ピアジェは，人間が環境に働きかけて，これを変化させ，自己の中に取り入れることを「同化」（assimilation）と呼ぶ。反射・習慣によってできる「行動様式」（シェマ：schema）への同化であり，外部の事象が自己の行動様式に取り入れられない場合には行動様式は修正される。これが「調節」（accommodation）である。同化と調節は逆方向になっているが，このように人間は環境を変化させ，自己を変化させる。

彼の理論は，人間が環境に対して**同化と調節**の相互的な働きによって**均衡**化をはかって適応していくという理論である。子どもは現在もち合わせている認知構造に基づく行動様式を用いて環境に働きかけ（同化し）たり，環境に適応するためにその行動様式をつくりかえ（調節し）たりしている。こうして，個体と環境の均衡を目指す活動を次々と展開していくことにより，知的発達が進行する。子どもは感覚運動的知能の段階から形式的思考の段階に至るまで常に均衡化の活動を通して自分の思考を構造化（再構造化）していくという意味で，子どもは自ら発達をつくり出しているといえる。

4　スキャモンの理論

> 図1－3
> スキャモンの臓器別発育曲線

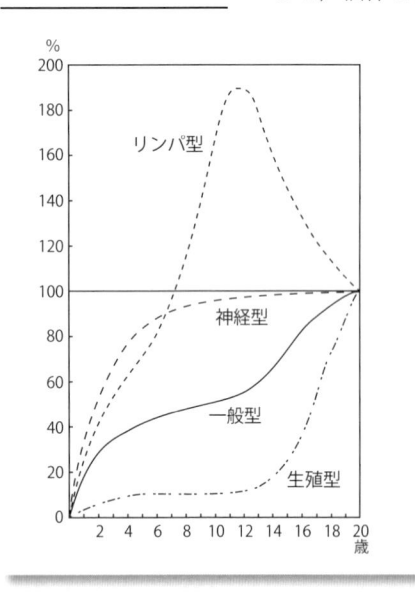

からだの発達というと一様であるように考えられがちであるが，スキャモン,R.E.は，からだにもいろいろな部分があり，器官系統によって異なった発育様相を呈することを指摘し，それを**発達曲線**（図1－3）で表している。

神経型は，立ち上がりの急なカーブを描いてどこよりも先に発育する。この神経型の発育をするのは，脳，脊髄，眼球，頭部計測値である。

リンパ型には，胸腺，リンパ節，扁桃その他のリンパ組織が含まれる。免疫機能に関連する組織である。10歳代に極大に達してから，成人レベルに下がっていく。

一般型には全身の発育が含まれる。頭部以外の外的計測値，呼吸器，消化器，血管，筋肉，骨格がこの型をとる。

生殖型は最も遅く立ち上がるカーブを描く。睾丸，卵巣，子宮，前立腺などがここに含まれる。

3 乳幼児の発達の理解

乳幼児期には心身ともに目覚ましい発達をする。乳幼児の発達を理解するということは，どのようなことであるのか。

❶ 大脳形成の土台は基本的信頼である

最近の大脳研究は人生最初の1年間における経験が神経細胞（ニューロン）のネットワークの基礎を築き，その後の理解力，創造力，適応力を生み出す原動力となっていることを示し，問題解決など分別ある思考の神経的な基礎はこの時期に確立されることを明らかにしてきた。そして，大脳形成の際に必要不可欠なものが赤ちゃんと母親の間の情緒的なつながりであり，それはエリクソンのいう**「基本的信頼」**（basic trust）である。

基本的信頼とは，母親（養育者）と乳児の，愛情－愛着関係の中で乳児のこころに育つ，母親に対する信頼感である。すなわち母親は信じるに足る存在であるという安心感である。基本的信頼が成立すると，乳児のこころは安定し，乳児は，母親を信頼し，自分のおかれた環境を信頼し，ひいては自分をも信頼することができるようになる。さらに，その信頼感は人間を信じる力になるのである。

基本的信頼☞第4章／①乳児期（p.71）参照

❷ 子どもは毎日変わる

子どもを理解する場合，何よりも大切なことは，子どもは常に猛スピードで発達しているということを理解することである。すなわち，子どもは毎日目覚ましく変わる。可能性をいっぱい秘めているということである。

したがって，現在の子どもの姿だけを見てその子どものことを決めつけないようにすることが大切である。「今はできなくても，やがてできるようになる」「できるまで待とう」「見守ろう」という気持ちで，現在の子どもの姿を正しく把握することが必要である。その子どもの特徴，発達の速いところ，遅いところを確実に掌握しておくことが大切である。

その子どもの発達の状態を知るために基準となるのは，各年齢の**発達の基準**や特徴である。各年齢の発達の基準や特徴は，子どもの保育をする者にとっ

発達の基準：発達の基準に達していないからダメな子どもと決めつけるのではなく，「基準に達していないのは何故か」「何故，遅れているのか」，その原因を見極めて，その子どもにあった指導をすることが大切である

て必要不可欠な知識である。

❸ 一人ひとりの子どもには個性がある

　子どもの発達や性格をみると，同じ年齢の子どもであっても身長の高い子ども，低い子ども，活発な子ども，おとなしい子どもなど，さまざまで，一人ひとりの子どもは異なっている。

　これは，子どもが生まれつきもっている素質に加えて，子どもの生活する環境や親の養育態度など，さまざまな要因から起こってくるものである。これが発達の個人差である。子どもは一人ひとり個性をもっているのである。

　子どもの保育をする者は，子どもは同年齢だからといってみな同じ発達の仕方をするのではないこと，発達の状態も異なるということを認識しておかなければならない。保育者にとって「子ども」とは自分の目の前にいる子どものことであり，「子ども一般」のことではない。

❹ こころにはいろいろな側面がある

　子どものこころにはいろいろな側面がある。思考も感情も意志もこころの働きである。そして，場面や相手によって，異なったこころの側面，異なった言動が引き出されるのである。

　このように，場面によって，子どもの行動や態度は異なるということを認識し，なるべく多くの場面での子どもの姿を把握しておくことが必要である。いろいろな場面の**子どもの姿**はすべて，その子どもの姿である。ある場面の特定の行動だけで「この子はこうだ」と決めつけても，その子どもを理解することにはならない。

> 子どもの姿：家庭ではわがままで甘えん坊の子どもでも，幼稚園や保育園では，先生の話をよく聞く子どもがいる。反対に，母親の前では自己を抑制して行儀よくできても，幼稚園では，乱暴で自己抑制ができず，問題を起こす子どももいる。

❺ 子どもの気持ち

　子どもたちを見ていると，あの子は絵本が好きだとか，外遊びをよくする，歌が上手など，外面的なことはよくわかる。しかし，子どもを理解するとは外面だけではなく，内面も理解することである。内面とは見えない子どものこころ，すなわち，**気持ち**や考えのことである。

> 気持ち：感情のこと。

　子どもは自分の思いや考えを，ことばで正しく表現することはできない。表情や行動，態度が子どもの表現の中心である。保育者は，子どもの表情や行動，態度を通して，子どもの気持ちを理解しなければならない。

　しかし，子どもは，場面によっては自分の気持ちとまったく反対の行動をしたり，気持ちと反対のことばを発したりすることもある。子どもにも**防衛機制**が働いているのである。また，保育者にかまってもらいたくて，わざと，いけないことをする子どももいる。自分の本当の気持ちを素直(すなお)に表すことのできない子どもがいるのである。

> 防衛機制：(defense mechanism) フロイトが明らかにした精神分析学の概念の一つで，心理的な安定を保つための無意識的な自我の働きである。

子どもと関わる保育者のなすべきことは，子どもの言動を通して子どものこころを理解していくことである。子どものことば，行動，表情，声音を通して，子どもの気持ちや訴え，思い，考え，要求を知り，子どもの発達を把握することである。そこから，保育は始まるのである。

●防衛機制
　●抑　圧：
　　　不安を引き起こす欲求や観念を抑えて，意識にのぼらないようにすること
　●逃　避：
　　　適応困難な状態や，不安な状態から逃れようとすること
　　　　［例］病気への逃避，空想への逃避
　●合理化：
　　　欲求が充足されない場合，もっともらしい理由を見つけて自分の行動を正当化しようとすること
　　　　［例］イソップ物語の「すっぱい葡萄」（負けおしみ）
　●投影（投射）：
　　　自分の欠点や弱点を認めず，他人に転嫁すること
　　　　［例］自分は嘘つきだということに気づいてはいるが，認めたくない人が，他者の嘘に敏感になること
　●反動形成：
　　　性的欲求や攻撃欲求などが行動に現われるのを防ぐため，正反対の行動をすること
　　　　［例］欲しいのに「いらない」ということ
　●置き換え：
　　　ある対象に対する実現困難な欲求や感情を現実に充足可能なほかの対象に置き換えること
　●昇　華：
　　　攻撃的，性的な衝動を直接的に充足しないで，社会で認められる形に高めて表現すること
　●退　行：
　　　欲求満足が困難な事態に直面した時，過去の発達段階で成功した欲求満足の方法に逆戻りすること
　　　　［例］赤ちゃん返り，二度童（わらし）

6　子どもはからだで考える

　乳幼児の学びとそれ以降の学びとの大きな違いは，ことばよりも**体験から学ぶ**という点である。子どもというのは「言語主義から解放されており，わかるというのはからだでわかることであり，わからないというのは，からだが受けつけないことである。」（池田他　2009　p.42）「からだでわかる」ということは，認識の背景には多様な「動き」が含まれているということである。
　幼児はじっとしているのが苦手である。眠っている時以外は常にからだを動かしている。からだを動かして外の世界に働きかけると，世界は広がるが，それは幼児にとっては大きな喜びである。
　幼児の感性は鋭い。幼児は大人が考えている以上に多くのことを感じている。言葉では表現できなくても，からだで世界を生き生きと認識しているのである。
　ピアジェが2歳までの幼児の思考を「感覚運動的段階」と言っているように，思考は，からだで感じ（感覚），からだを動かす（運動）ところから始

体験から学ぶ：環境を通して教育するという方法の背景には，このような意欲的・自発的活動の主体としての子ども観，環境と直接的・具体的に関わることを通して発達するという発達観がある。

まるのである。幼児にとって、自己意識や自分という感覚は「からだ」を離れてはあり得ない。

幼児期はことばによる思考が十分に発達していないため、頭の中でものごとを表象して考えることは難しい。幼児はからだを使い、ものと実際に関わってやってみることを通して考える。子どもはからだで考えるのである。

❼子どものこころとからだ

心身の密接な関係については広く知られている。不安や怒りがあるとからだの調子が悪くなる。逆に楽しいことや嬉しいことがあり、こころがウキウキすると、身も軽くなる。長生きをしている人は明るく前向きの人が多いが、ここには、心身の関係が反映されている。

幼児の場合、心身の関係は密接である。幼児は嬉しい時にはからだを躍らせて満面の笑みで、声をたてて笑い、反対に悲しい時、悔しい時には、全身を震わせて泣く。**不安**のある時には、腹痛や頭痛を起こしたり、元気をなくしたりする。また、大きいということを、両手を大きく広げ、部屋の端から端まで走って表現したりもする。これは、大脳が未分化であるためと考えられている。

> 不安☞第5章／事例❶(p.86)、事例❷(p.89)参照

❽ 子どもは人とともに育つ

子どもはさまざまな環境との相互作用により発達する。特に重要なのは人との関わりである。愛情豊かで思慮深い大人による保護や世話を通して、大人との相互関係を築き、それを土台にして他の子どもとの関わりを深める。そして、人への信頼感と思いやり、自己の主体性を形成する。

乳児の発達課題は基本的信頼の獲得である。乳児は母親（養育者）との愛情－愛着関係により基本的信頼を育てる。一方、母親の発達課題は**生殖性**（generativity）である。生殖性とは相手の求めるように世話をし、育てるということである。母親にとっては子どもを育てることが、発達課題なのである。これはすなわち、乳児は母親に育てられているが、実は、母親も乳児に育てられているということである。人間はこのように、相互に育ち合っているのである。**相互性**（人とのつながり）の中で生きているのである。

> 生殖性☞第4章／①人生周期と漸成(p.61)、第4章／①成人期(p.83)参照

> 相互性☞第4章／相互性(p.63)参照

❾ 子どもは"今"を生きている

子どもの一刻一刻の発達はやり直しのきかないものであるという事実も受け止めなくてはならない。子どもは瞬間瞬間にさまざまな感覚を総動員して、環境に働きかけ、自分の世界を創りあげている。子どもは"今"を生きているのである。

"今"が楽しい子どもは、明日が待ち遠しい。その日を十分に自己発揮し

て過ごし，満足している子ども，愛されているという安心感のある子どもの頭の中には明日のことしかない。子どもは昨日のことなど振り返らないのである。子どもは遊びを中心とした生活の中で，自ら発達に必要なものを獲得しようとする意欲や態度に満ち満ちている。

4 発達理解の実際

❶ 子どもの観察方法

保育の現場で子どもを観察する場合に必要なことは，子どものありのままの姿をとらえることである。これは**自然観察法**と呼ばれるものである。大切なことは，子どもの姿を保育者が自分の目で見て，把握することである。

子どものいろいろな行動を見ていると，友達との関わり方や保護者との関係など，子どものことがいろいろと分かってくる。子どもの会話や表情から子どもの性格や気持ちを理解することもできるようになる。普段と異なった様子が見られる時には，丁寧に注意をすることも大切である。

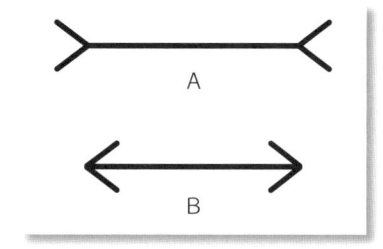

❷ 縦断法と横断法

子どもの発達理解のために用いられる方法に，**縦断法**（longitudial method）と**横断法**（cross-sectional method）がある。

縦断法とは，追跡研究法または逐年研究法ともいわれる研究法である。これは，一人ひとりの子どもについて研究したい側面を，長年にわたって追跡し，その変化をとらえようとする方法である

横断法とは，一度に多数の資料を集めて，それを統計的に分析する研究法である。そして，現在の子どもたちの理解をするのに役だてる方法である。

❸ 事例研究法

一人の子どもをいろいろな角度から深く理解するために用いられる方法が「**事例研究法**」（method of case-study）である。これは，その子どもの抱えている問題に関係するあらゆる資料を集めて，それらの資料を分析して問題を解決していく方法である。

保育者が日常の保育の中で，子どもの問題の解決にあたる時には，この方法でさまざまな資料を集めて，子どもを理解することが求められる。また，目の前の状況だけでは理解できない時には，**子どもの背景**を知ることにより，より深く子どもをとらえることができるようになる。

自然観察法：ものごとが見えるということはどういうことだろうか。ものごとは単にそこにあるだけでは見えない。その対象に名前がつけられたり，意味が分かったりすることで，特徴をもって周囲から際立って浮き上がり，周囲からそのものごとが区別されて見えるようになる。子どもが見えるということも同様である。
ミュラー・リヤーの図を見ると人間の目の不確かさが分かる（図1−4）。自分の目の前の子どもが正しく見えるためには何が必要か。
☞第1章／②保育実践の評価（p.17）参照

図1−4
ミュラー・リヤーの錯視
（AとBは直線部分は同じ長さであるが，同じには見えない。）

縦断法：例えば，入園時からの子どもの絵や作品をとっておいて，一人ひとりの子どもの形のとらえ方，描き方，対象の選び方，色使いなどが，どのように変わっていったかを分析する方法である。

横断法：クラスで自由に絵を描いた時に，何を主題にして描いたかなどを，男女で比べるとどうか，同年齢の他のクラスと比べるとどうか，年齢の異なるクラスと比べるとどうかというように分析する方法である。

事例研究法：例えば乱暴な子どもなどについて，①どんな時に乱暴をするか，どの程度の乱暴をするのか，相手によって異なるのか，をその子どもを観察しながら見極め，②友達の話を聞くなど，園で集められるだけの資料を集める，その上で，③家庭ではどうか，それまでの生育歴を聞く，そして，④原因を見つけていくような方法である。

2　保育実践の評価と心理学

(前頁) 子どもの背景：家庭での様子，子どもの生い立ち，生育歴など

(前頁) 保育実践の評価：幼稚園や保育所には子どもが何をどこまで学んだかを評価するためのテストはないが，子ども一人ひとりの育ちを保障するためには評価は不可欠である。

今，ここにいる子どもをどのように支援していけば次につながるのか。

保育実践の評価は保育実践に対する評価と子どもに対する評価に大別することができる。

1　保育とは

❶　保育とは養護と教育のことである

保育とは，養護と教育が一体になった働きかけであるという考え方が一般的である。幼い子どもたちへの関わり方は，常に保護的であると同時に教育的でなければならない。子どものこころに寄り添い，受け止め，子どもの成長の糧となる働きかけを与え続けることすべてが保育である。

❷　乳幼児期の教育

教育とは教えることと，育むこと。教育の目的は，心身ともに自律・自立した健康な人間を育成することである。

さて，「教育には二つの役割がある。一つは「文化の伝達」であり，もう一つは「成長と創造の援助」である。」(石井他　2004　p.3)

乳幼児期における「文化の伝達」は主として「しつけ」という形で行われる。たとえば，基本的生活習慣や社会生活のルール，言語によるコミュニケーションの方法を教えていくことなどがこれにあたる。これは「**社会化**」ともいう。「成長と創造の援助」とは，子どもが自分の力を存分に発揮して，新しい文化を**創造**することができるようにさまざまな援助を行っていくことである。乳幼児期の子どもは主として遊びを通して創造的な活動を展開する。これは「**個性化**」にあたる。

社会化☞第2章／③環境との相互作用 (p.29) 参照

創造☞第2章／③環境との相互作用 (p.30) 参照

個性化☞第2章／③環境との相互作用 (p.29) 参照

❸　発達の最近接領域の教育

子どもに新しいことを学習させるとき，どのくらい難しい課題を選ぶかということは保育者にとっては大きな課題である。現時点で，たやすくできることをさせても，子どもはやる気にならないであろう。また，難しすぎることをさせて，やる気を起こすこともできない。失敗経験によってやる気がなくなることもあるであろう。

ヴィゴツキー,L.S. は，個人の発達には自力で成し遂げられる発達レベルと援助されて達成できるレベルがあることを指摘し，両者の幅を「**発達の最近接領域**」と呼んでいる。

教育は一人ひとりの子どもの「発達の最近接領域」を意識して行わなくて

発達の最近接領域：ヴィゴツキーは発達を2つの水準でとらえる考え方を提唱した。1つは現時点で子どもが自力で達成できる水準であり，もう1つは他者からの援助があれば，達成できる水準である。この2つの水準の差を「発達の最近接領域」と呼んだ。

はならない。すなわち，援助があれば達成できる課題に取り組ませ，自力でもできる水準に高めること，また全くできない課題についても援助があればできる水準にまで高めることを意図することである。

2　保育実践の評価

❶ 子どもを見る目・自分を見つめる目

　保育者には，自分が「子どもへの確かなまなざしをもっているか」を，いつも自分に問うて，保育をすることが求められる。子どもへの確かなまなざしとは，どのようなことであろうか。

❶ **子どもが好きか。どの子どもも好きか。**
- 子どもが好きということは，どの子どもも好きということである。
- 子どもに深い関心と尊重の気持ちをもっているか。

❷ **子どもの発達課題，個人差に対応した保育ができているか。**
- 子どもの発達の過程を理解しているか。
- 子どもの発達課題を理解しているか。
- 子どもの変化を見逃さずに励ましているか。

❸ **子どもの共感的理解ができているか。**
- 自分の目の前にいる子どもを"安心"で包んでいるか。
- 自分のこころを開き，素直な気持ちで子どもと接しているか。
- 子どもの甘えを受容しながら，子どもを論しているか。
- 子どものよいところを見つけ，子どもを肯定的に見ようとしているか。

❹ **子どもを客観的に理解しているか。**
- 子どもと公正・公平に，向き合っているか。
- 子どもをいろいろな角度から偏りなく的確に把握しているか。

❺ **子どもの気持ちを感じ取りながら，課題中心的な (problem-centered) 保育をしているか。**
- 子どもの思い，考え，欲求を大切に考えているか。
- 子どもから学び，自分を高めようとしているか。

❻ **自分が計画した保育を優先させる自己中心的な (ego-centered) 保育をしていないか。**
- 目の前にいる子どものことを最優先に考えているか。
- 子どもとともに考え，ともに成長しようとしているか。

❼ **カウンセリング・マインドをもって，保育をしているか。**
- 子どもへの確かなまなざしとは**カウンセリング・マインド**と重なるところが多い。カウンセリングには，子どもの成長，個性・能力の開発，人間関係の進化・発展を促進する機能がある。カウンセリン

カウンセリング・マインド：カウンセリング・マインドを大切にした保育者の基本的な態度として次の4点が挙げられる。
①子どもを人間として尊重する。
②子どもが主体である。
③子どもの気持ちを受容する。
④子どもとの信頼関係を大切にする。

グ・マインドは子どもの成長を信頼し，子どもの能力を引き出し，育てる指導，自己指導を促すものである。

2 指導計画，省察と記録

① 指導計画

指導計画とは，幼稚園や保育園での日々の保育が具体的に展開されるよう，教育課程や保育課程に基づいて作成される計画のことである。

指導計画には，子どもたちの生活や発達を長期にわたって見通しを立てる**長期計画**と，その計画をより具体的に子どもたちの日々の生活に即したものとして立てる**短期計画**とがある。

いずれの計画においても，幼稚園や保育園において，「養護」と，「教育」の両面が満たされるように作成されることが必要である。

② 保育における省察と記録

保育者にとって，保育実践の第一の評価は，日々の保育の反省や省察である。それらはよい保育を行っていくためには必要不可欠のことである。

③ 保育記録と省察

省察を行うためには日々の保育の記録が欠かせない。記録をすることは自分を対象化して，客観的に振り返るという意味で大切な作業である。また，文字にしておくと，時間を経てから振り返る時にも，その日の子どもたちの姿を思い出すことができる。

3 自己評価・第三者評価

省察をより深いものにし，新たな保育のありようを構想する時には，本を読んだり，優れた保育者の実践やそれを支える保育理念について知り，それを自分の保育に取り入れていくことが大切である。他の人の保育を知るだけでなく，自分の実践を他の人に見てもらい，他の人の感想を聞くことも重要である。自分では気付かないことを指摘してもらえたりもする。他者の意見を参考に自分の考え方を再構築する機会が必要である

保護者や園外の人たちに対するアカウンタビリティ（説明責任）を果たすために，海外では子どもの学びの評価を子どもや保護者と共有している。わが国でも最近，保育園では**第三者評価**が行われるようになり，幼稚園でも自己点検・自己評価を行い公表することが求められるようになってきた。

3　子どもに対する評価

子どもに対する**評価**には，比べる評価と比べない評価がある。

長期計画・短期計画：長期計画には年間計画，期間計画と月間計画とが含まれ，短期計画には週間計画（週案）と日間計画（日案）とがある。

省察：これまでわが国では，省察の焦点は，子どもの人間関係や内面性に偏りがちであった。しかし，最近では子どもの認識や想像力，創造性など知的な側面の学びについての省察が求められるようになってきた。

第三者評価：こうした評価は園での保育実践の質を保護者，地域，納税者に説明するためのアカウンタビリティを果たすための評価として捉えることができる。

評価：評価ということばは日常的には良し悪しの評定という意味で用いられることが多いが，「子どもに対する評価」は，子どもが何故そのような行動をしたのかということを理解するところまでを含む。それは一般には「子ども理解」といわれるものである。

❶ 比べる評価

① 他の子どもと比べる（相対評価）

相対評価とは，他の子どもたちと比べて絵が上手だとか，動作がゆっくりであるとかという評価である。しかし，そのような評価をしても，そのことが次の保育に生かされるとは限らない。そして，子ども同士を比べている限り，自己の保育実践を見直すことにはつながらない。

② 到達基準と比べる（到達度評価）

到達度評価とは，ある到達基準を設け，そこに達しているかどうかで評価をする方法である。しかし，幼児教育では，このような到達基準を決める評価はなじまない。一人ひとりの子どもの到達目標は異なるからである。一人ひとりの子どもに最適の目標が設定されるべきである。

③ その子自身と比べる（個人内評価）

個人内評価とは，一人ひとりの子どもの発達の評価である。すなわち，一人ひとりの子どもが以前と今とではどのように異なるかを問題にする方法である。時間軸上で一人の子どもの変化を見ることであるが，このことにより，次の保育への手がかりがつかめることも多い。

この場合，変化のあることについても，変化のないことについても内容と方法を吟味し因果関係を明らかにすることが大切である。

個人内評価には，その子どもが一人で何かをしている時の姿と，保育者や子どもたちと一緒にしている時の姿を比較することも含まれる。これは，ヴィゴツキーのいう「**発達の最近接領域**」である。

発達の最近接領域☞第1章／①保育とは（p.16），第4章／③発達援助（p.64）参照

❷ 比べない評価（絶対評価）

子どもを評価する場合も保育実践を評価する場合も，評価をする時は，誰かとあるいは何かと比べて評価をすることが多い。

しかし，子どもの評価の目的は，その子ども自身を見つめ，その子どもの発達を保障することにある。その子どもがその日，何を見，何をし，何を考え，何を表現したのか。保育者が問題だと考えている行動を，その子どもがせざるを得なかったのはどうしてなのか。それらをその子どもの立場に立って共感的に理解することが大切である。「比べる評価」ではその目的を達成することはできない。

学習は本来，ほかならぬ学習する本人のものである。したがって，当然評価も，ほかならぬ学習する本人のためのものであるはずである。評価は，どこをどうすればもっと成長できるかを知るための，あるいは保育者が何をどのように援助すればその子どもの成長につながるかを知るための手がかりとして必要な，保育者の学習過程の一部でもある。保育の専門家として，日々，一人ひとりの子どもをどのように評価することが必要であろうか。

4 評価の方法

❶ 観察法

評価方法としても最も基本的な方法は観察法である。乳幼児の行動やその変容の過程を観察し，記録する。その際には，記録の精度を高めるため，記録の対象をはっきり定め，観察項目をリストアップしておくことも大切である。

① **観察記録の方法**
観察記録をとる目的，活用方法を明確にし，一定の記録用紙を用いたり，図などを用いて分かりやすく記録することが大切である。

② **タイムサンプリング法など**
時間や観察する子どもを決めて観察をしたり，観察したい行動がよく現われる場面を選んで観察，記録する方法である。

③ **チェックリスト法**
チェックしたい項目を一覧表にしておき，あてはまるところに印をつけるという方法である。限定した項目について短時間で記録するとき，問題があると感じた子どもについて観察記録をとりやすくする補助手段として有効な方法である。

❷ 逸話記録法

行動記録法ともいう。印象に残ったこと，思い出したこと，気になっていることなどを記録し，その子どもの理解につとめる方法である。

❸ 評定法

行動観察の内容，結果の処理法などあらかじめ準備しておいたもので評価する方法である。評定尺度法とは，評価項目についてあらかじめ段階的に尺度をつくっておき，あてはまるところにチェックを入れるというもので，序列法とも順位法とも呼ばれる。子どもの作品を集団の中で順序をつけて評価をしようという時などに用いる。正確さを期する場合には**一対比較法**を用いる。

❹ 心理検査法

日常の状態を言語的に説明することが困難な子どもには，その問題を正確に客観的に把握するために心理検査法を用いることが多い。行動観察や保護者からの情報だけでは判断できない重要な発達上の問題をとらえる必要があるからである。

標準化された検査法では，知能発達検査がよく利用され，それには乳

一対比較法：対にする2個の組み合わせをつくり，どちらがよいかを判断する。さらに，次の一対をつくって比較し，この方法を繰り返し，全体の順序を決めていく方法である。

幼児精神発達検査，ビネー式知能検査，ウェクスラー式知能検査（WISC, WPPSI）などがある。また，投影法としてCAT（TATの子ども版），ロールシャッハテスト，バウムテストやHTPなどの描画法などがある。

3 発達観，子ども観と保育観

1 発 達 観

❶ 遺伝優位説

発達については，遺伝によるとする説で，生物学的に受け継がれてきた生得的，先天的な形質や性質，能力が，時間がたてば発現するという考え方である。成熟説ともいう。

人間の発達に対する遺伝の役割を調べる方法の一つに**双生児**研究がある。双生児研究によると，身長・知能・気質などのいずれにおいても**一卵性**双生児間の相関は二卵性双生児間の相関より高く，これらには遺伝的規定性のあることがわかる。

双生児：1つの受精卵が2つに分離して成長した一卵性双生児と，偶然2つの卵が同時に受精し，それぞれが個体に成長した二卵性双生児がある。

❷ 環境優位説

発達は生まれてから後の環境によるとする説で，生後，環境の中で経験し学習することにより，後天的に形質や性質，能力は変化するという考え方である。学習説ともいう。

系統発達により大脳を巨大化させ，飛躍的に学習能力を増したヒトは子ども時代が長い社会的動物である。さまざまな環境から大きな影響を受けながら「人間」として発達する。人間は，人間との長い，そして深い関わり合いなくして，成長はできないという考え方である。

❸ 相互作用説

発達については，遺伝（成熟）によるとする説，環境（学習）によるとする説が長い間対立していたが，現在では，生物学的に受け継がれてきた性質である遺伝と，その人を取り巻く人々，物，社会，文化などさまざまな環境との複雑な相互作用によってもたらされるという相互作用説が共有されるようになっている。

相互作用説：遺伝と環境の両方の要因が加算的に作用しているという輻輳説，遺伝的素質は最低限の環境が整った時に顕在化するという環境閾値説などが含まれる。

2 子 ど も 観

学習の主体である「子ども」をどのような存在としてとらえるかによって，保育の目的や方法は大きく異なってくる。

子ども観：私たちは無意識に独自の「子ども観」によって子どもをとらえ，自分なりの「保育観」によって子どもに働きかけている。しかし，子どもへの効果的な援助の仕方を考えると，自分自身の「子ども観」に気づき，「保育観」をもつことが必要である。

❶ 「子どもは白紙で生まれてくる」という考え方

「子どもは生まれた時は「白紙」であるので，生後，環境の中でいろいろなことを経験させて，さまざまな能力を身に付けさせなくてはならない」という子ども観である。17世紀イギリス経験主義の哲学者ロック, J. の唱えた「白紙説」(tabula rasa) が有名である。

心理学では，行動主義の子ども観がこれにあたる。行動主義を唱えたワトソン J.B. は，子どもの発達や性格の個人差は誕生後の環境など生育条件によるものであると考えた。「子は親の鏡」「育てたように子は育つ」という表現にあるように，子どもは親の育て方次第，教師の教え方次第でどのようにも育つという考え方である。

❷ 「子どもは白紙で生まれてくるのではない」という考え方

「子どもは白紙で生まれてくるのではない。それどころか，生まれて間もない子どもでも，自分が生まれ出てきたこの世に関するすべての知識を先験的（à priori）にもっている」という考え方である。

「子どもは生まれながらにしてそれぞれの個性をもっている」という考え方も，白紙のまま生まれてくるのではないという考え方である。

●コラム● 「個性」について

2000年6月にヒトゲノム（人間の全遺伝子情報）の配列の解読が終了しました。この研究の最先端におられた中村祐輔先生（東京大学）は「個性」について次のように書いておられます。

「遺伝暗号は一人ひとりみんな違うのだから、それぞれ個性が違って当然である。みんなは同じではない。しかし、今の日本の教育はみんなが同じはず、みんな同じように努力すれば、同じことができるという考え方だ。しかし、それは、真実をねじ曲げていることである。今こそみんな違う、違うことを尊重すべきということを科学的に訴えることができると思う。本当の意味で個性を認め合い、広い視野でものごとを教えることができるチャンスである。」

（中村祐輔『遺伝子で診断する』PHP出版 1999）

---

❸ 「子どもは勝手で欲求のままに生きている存在である」という性悪説

「子どもは生まれつき悪である。放っておくと何をするかわからない。したがって大人は幼い時から子どもを甘やかさずに厳しくしつけ，善悪を教えなければならない，子どもには「鞭による教育」が必要である」という考え方である。

「鉄は熱いうちに打て」という諺がある。「打って形を変えなければならない」ところが性悪説，「熱いうちに」というところが初期経験の重要性（敏感期・臨界期）を表している。

性悪説：荀子の説。人間の本性は悪であるとして，礼法による秩序維持を重んじた。社会性のない大人を「子どもみたいな人」と表現したり，「餓鬼」ということばを「子ども」の意味で用いることがあるが，その場合の子どものとらえ方である。

❹ 「子どもは生まれつき能動的で，自ら成長しようとする存在である」という性善説

「子どもは生まれつき善なるものであり，よほど悪い環境で育てられることがなければ，どの子もまっすぐに育つ」という考え方である。

18世紀のフランスの思想家ルソー,J.J. やペスタロッチ,J.H.，フレーベル,F.W.A.，ニール,A.S. などの教育者はこのような子ども観に基づいた教育を実践している。

「子どものもつ力はとても大きなもので，子どもは親の育て方で変わるような存在ではない」という考え方でもある。

わが国には「7歳までは神のうち」という諺がある。また，キリスト教信者は「幼な子のようでなければ，天国に入ることはできない」という聖書の文言を誇示している。これらはいずれも人類が長い歴史を通じて，子どもを尊重し，かけがえのない価値とみなしてきたことの証拠である。

性善説：人間の本性は善であり，仁義を先天的に具有（ぐゆう）すると考え，それに基づく道徳による政治を主張した孟子の説。

③ 保 育 観

保育という営みについての考え方のことを「保育観」という。子どもたちに何を育て，どのように援助するのかという保育の内容と方法についての考え方である。保育観は，発達観や子ども観によって大きく規定され，2つに大別できる。

❶ 積極的な保育観（教えること）

「子どもを将来，社会に適応させるためには，大人は知識，技術，価値観などを積極的に教え込む必要がある。子どもというものは大人が教えないかぎり，何も身に付けることはできない。善悪の判断についても，幼い時から教えないと，判断力のない子どもになってしまう」という考え方であり，保育をする親や保育者が，自分が望ましいと思う方向に導くことが保育である。親や保育者は積極的に子どもに働きかけていく必要があるという保育観である。

子どもは「白紙」であるという「白紙説」，自分の欲求のままに生きる悪餓鬼であるという「性悪説」に基づいた保育観である。

❷ 消極的な保育観（育むこと・引き出すこと）

「子どもには自ら学ぶ力が備わっている。大人が教え込まなくても大人の行動を模倣したり，子ども同士が学び合うことで社会に適応していく力を身に付けていく。善悪についても判断力を身に付けていく力をもっている。したがって，親や保育者は積極的に教え込むのではなく，保育を受ける子どもの発達を考慮した環境を準備したり，子どもが自ら方向性を見いだし，学ば

うとすることを待ったり，見守ること，育むことが大切である」という**保育観**である。

　親や保育者が，子ども一人ひとりの発達の状態を見極める目と可能性を引き出す力をもって環境を整備すれば，子どもは自ら学び始めるという考え方である。

　個人差や個性を重視する立場に立った場合には，基本的には子どもの自発性を尊重する「消極的な保育観」に立ちながら，子どもの発達レベルに合致（がっち）した積極的な援助を行っていくことになると考えられる。

保育観：この保育観は放任とは異なる。というよりも放任とは正反対である。

第2章
子どもの発達の理解

1　子どもの発達と環境

　子どもは、環境の中でさまざまなことを体験して学ぶ。子どもを取り巻く環境に主体的に関わることにより、心身の発達が促進される。

1　子どもと環境

❶　環境の中で

　子どもは環境の中で、さまざまなことを**学習**する。いろいろなことを見たり、聞いたり、感じたりする。これらは「知覚」（認知）である。多種多様の刺激を、感覚器官を通して外部から取り入れる（input）。そうして、取り入れた刺激などをもとに「思考」をし、考えたことや感じたことは外部に向けて言動で発信する（output）が、それが「表現」である。すなわち、**子どもの環境世界**（図2-1）は知覚世界と表現世界である。

　幼児教育の目標は、心身ともに健康な子どもの育成であるが、健康な子どもとは、「知覚」、「思考」、「表現」のよい循環ができている子どもである。

　表現には、身体的表現、言語的表現、音楽的表現、造形的

学習：心理学では、経験により、行動が比較的永続的に変容することを学習という。体験とは直接的な経験のことである

図2-1
子どもの環境世界

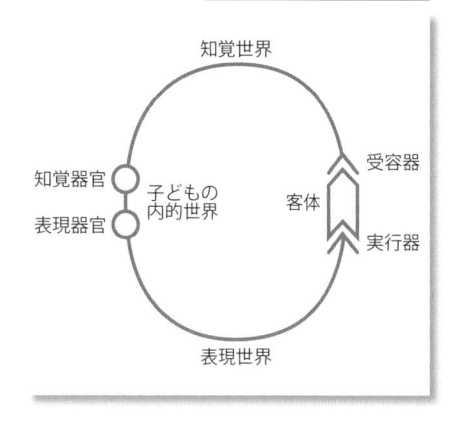

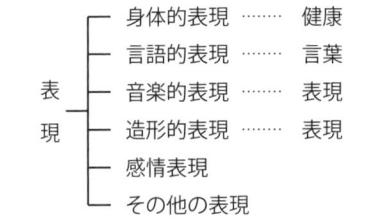

表現，感情表現などが含まれる（図2－2）。表現とは考えたことや感じたことをことばやからだで表すことである。今までできなかったことが表現できるようになることは「発達」にほかならない。

2　環境と子どもの欲求

幼児は生活に密着した**環境**の中で興味をもったことを，体験を通して身に付ける。環境には自然環境，社会環境，物理的環境，人的環境，言語環境が含まれる。幼児はこうしたさまざまな環境の影響を受けて，生きている（図2－3）。これらは**入れ子型**の構造になっている。（図2－4）

マズロー,A.H. は人間の自己実現の欲求を指摘している。自己実現とは可能性を発揮することである。幼児は自ら成長したいという欲求に満ちあふれているが，これは**自己実現の欲求**である。

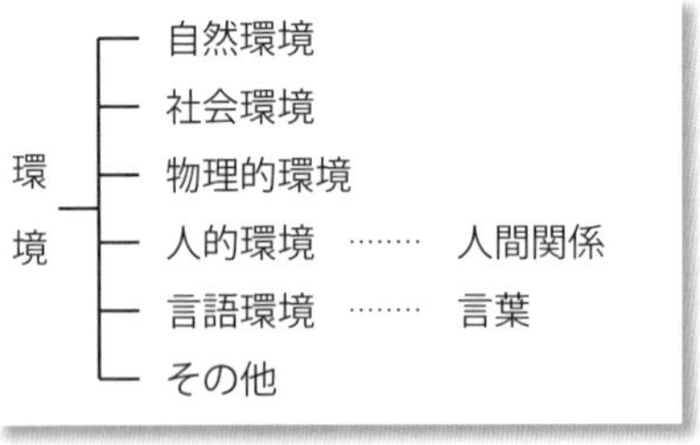

図2－2　さまざまな表現と領域

表現
├ 身体的表現 …… 健康
├ 言語的表現 …… 言葉
├ 音楽的表現 …… 表現
├ 造形的表現 …… 表現
├ 感情表現
└ その他の表現

図2－3　さまざまな環境と領域

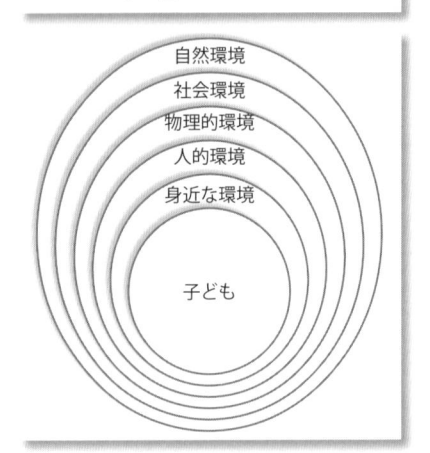

環境
├ 自然環境
├ 社会環境
├ 物理的環境
├ 人的環境 …… 人間関係
├ 言語環境 …… 言葉
└ その他

図2－4　子どもと環境

入れ子型：ブロンフェンブレーナー, U 参照（子どもの身近な環境⊂人的環境⊂物理的環境⊂社会環境⊂自然環境）

自己表現の欲求：マズローは人間にならば誰もがもっている欲求を基本的欲求（basic need）という。そして，基本的欲求は生理的欲求，心理社会的欲求，精神的欲求に3分され，それらは階層構造をしているという。心理社会的欲求には，安全の欲求，集団所属と愛の欲求，承認の欲求が含まれる。それらも階層構造をしている。（図2－5）

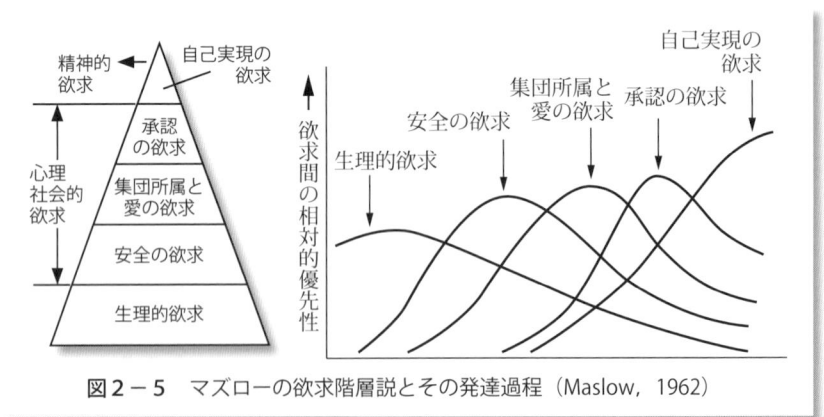

図2－5　マズローの欲求階層説とその発達過程（Maslow, 1962）

3　母親・保育者は最大の環境である

人間は社会的動物である。「社会」とは人間の社会，人間の集団すなわち

人間関係のことである。
　人間関係はエリクソンのいう「**相互性**（そうごせい）」という特徴をもつ。相互性とは世代間の交流のことである。そして，子どもと母親や保育者の関係でいえば，子どもは母親や保育者に育てられるが，一方，母親や保育者は子どもに育てられるということである。母親や保育者のまなざし，ことばがけ，声かけの一つ一つが乳幼児に与える影響力は大きい。子どもにとって母親・保育者は最大の環境である。

> 相互性：人間は関係性の中で生きている。人とのつながり，過去とのつながり，未来とのつながり，環境とのつながりの中で生きている。
> ☞第4章／①人生周期と漸成（p.63）参照

❹ 子どもに何を育てるのか

　環境を通しての保育とは，幼児が自ら興味や関心をもって環境に自発的に取り組み，試行錯誤（しこうさくご）しながら環境へのふさわしい関わり方を学習することを意図（いと）したものである。それは，その後の学習や生活のために必要な心情（しんじょう）や意欲，態度の基礎となるものである。

　幼児期に育てるべきは，知的好奇心（ちてきこうきしん）や探究心（たんきゅうしん）をもって，自分から進んで環境と関わり，さまざまなことに気付き，理解し，多くのことを身に付けていくことである。

　幼児は生活に密着した身近なさまざまな環境からの刺激を受け，自然の変化や不思議，生命の仕組みや大切さ，地域の仕組みや人々への関心，自分の気持ちや考え，文字や数量の意味や役割の理解など，さまざまなことに関する活動を展開する。幼児期に環境との関わりの中で経験したことは，小学校の国語，算数，理科，社会はもとより，さまざまな**知的教育の基盤**（きばん）となるのである。さらに，保護者や保育者，友達との関わりを通して，発達課題である自律性や自発性を育て，希望，意志，目的意識などの人格的活力を育てていく。

> 知的教育の基盤：それは，小学校入学後に組織的な教育を受けるために必要なことである。

2　子どもの気付きと理解

❶ 自然の事象や変化への気付き

　子どもは自然が大好きである。幼いころから水や砂・土に触れて遊ぶ。また，成長するにつれて木登りや川遊びもするようになる。こうした自然との触れ合いを通して，暑さ，寒さ，日ざしのまぶしさや風の心地（ここち）よさなどに気付き，雷の怖さを感じるようになる。また，天候や気候の変化，四季というものを知るようになる。さらに，さまざまな自然体験は子どもに**免疫力**（めんえきりょく）を付けてくれる。幼児にとって自然は大変重要である。

　ところが今，人間は自然から離（はな）れすぎて，自分が自然の一部であることを忘（わす）れているようだ。乳児期に駅前保育園と家庭との往復の繰（く）り返しで自然に触れる経験の少ない1歳児や2歳児が外遊びの多い公立保育園に入ってきた時，「お空が恐い」「土が恐い」と泣いたそうである。

昨今の異常気象は私たちにさまざまな課題を突きつけている。地球上に生きるということはどういうことなのか，他の動植物との関係はいかにあるべきかなど。自然と共生しなければ人類の未来はないということを認識し，行動しなければならない。そうした教育は，幼児期から始めなければならない。

2　生命の仕組みや大切さへの気付き

幼児は，生きているものには命があり，そして，その命は永遠ではなく，どの命も必ず終わる時が来ることを学ぶ。この自然の摂理をどのような過程を経て学ぶのか。どのような生命も尊重し，大切にできるか。幼児は生命の仕組みや大切さをどのように気付いていくのか。命を尊重できるような体験として，どのようなことが大切になるのか。

人生の始まりと終わりを家庭ではなく病院で迎える時代である。さらにテレビドラマやアニメ，ゲームのような「**仮想現実**」の世界をいやというほど見せつけられている。こうした現実がふえている今日，この分野の教育の重要性はますます高まるばかりである。

仮想現実：ヴァーチャル・リアリティ

3　他者の気持ちや地域への関心

自分の感情や考えは他者にもあって，他者も自分と同じように感じたり考えたりすることを理解し，体験を共有することを「**間主観性**」いう。この間主観性によって，相手と同じ気持ちになる共感性が生まれ，相手を思いやることや，慰めることができるようになる。

幼児の，自分の住んでいる地域への関心については，2～3歳の頃は，地域とは近所という限られた範囲である。が，散歩や買い物などの生活体験を通して，4～5歳になる頃には，自分の行ったことのある場所を介して地域全体に目をやることができるようになる。

間主観性：生後7～9か月に生じ，14か月頃まではっきりしてくると考えられている。2歳頃から他の子どもを慰める行動が観察されるが，これは間主観性によるものである。

4　自分の気持ちや考えへの気付き

生後6か月を過ぎると，「自己」の存在を感じるようになり（「自己感」），その後，はっきりと自分の存在に気付く時が来るが，それが**自己意識**である。

自己意識が成立すると，幼児は自由意志を発揮してさまざまな探索を始める。そして，環境の中で，人と出会い，友達と出会い，さまざまな経験をする。やがて，2～3歳になると，幼児は自分が感じていることや自分の考えを，ことばを使って伝えられるようになる。また，自分のいろいろな側面に気付いていく。

自分は何かができるという実感は「自分はこれでいいのだ」という自己肯定感を育て，それは子どもの自信につながっていく。また，他者への気付き，他者評価を経て，7～8歳になると**メタ認知**，自己評価ができるようになる。

自己意識：自我の芽生えともいう。それは，1歳過ぎとも，1歳半過ぎとも考えられている。これによって人間の心は初めて心らしくなる。これは，「心の誕生」というべき重要なことである。
第2章／2自己感と自己意識（p.33）参照

メタ認知：メタ認知とはもう一人の自分が，自分の認知活動を見つめ，評価し制御することである。

5　文字や数量の意味や役割の理解

文字や数量という「記号」を理解する力は日常生活の中での具体的な体験を記号と結びつけることによって育っていく。

文字といえば，平仮名の読み書きをどのように学ぶかということのように考えられがちである。しかし，幼児は，文字はどのように使われているか，どのような役割をしているかなど，根本的なことを学んでいる。

数字への関心も比較的早くから見られる。エレベーターの階数やテレビのチャンネルなど，生活で使用している数字は早い段階から覚える。数量の感覚には，ものの分類や，形の構成，時間的な見通しをもつことなども含まれる。

遊びの中で幼児は人数を調整したり，順番を決めたり，交代制で何かを行うこともできるようになる。生活や遊びの中で数や量の意味や役割を体験的に学び，数量の体験や重さの感覚をからだで理解しているのである。

> 「記号」を理解する力：象徴機能の発達による。☞第5章／事例❾（p.114）参照。

> 文字：ことばは「聞く」「話す」「読む」「書く」の順番で発達する。したがって，読み書きの前に，保育者の話を聞いて理解する，自分の考えたことを相手に分かるように話すなどの指導をすることが必要である。

3　環境との相互作用

子どもはまわりとの関係の中で，自分を変えたりまわりを変えたりして**バランス**をとりながら発達する。

1　社会化―自分を変えること

社会化（socialization）とは環境の条件に合うように自分を変えることである。

人間は，生後，乳児期，幼児期，児童期，青年期，成人期で，社会に必要な行動様式を学習し，社会生活が可能になる。このように，学習して社会生活に適応していく過程が社会化である。

> バランス：均衡。ピアジェは自分を変えることを「調節」，まわりを変えることを「同化」という。ピアジェは，「知能」とは調節と同化のバランスをとって環境に適応する能力だという。

> 社会化：ピアジェのいう「調節」のこと。「郷に入っては郷に従え」というように人間が環境に折り合いをつけることをいう。

2　個性化―まわりを変えること

個性化（individuation）とは，環境の条件を自分に合うように変えることである。人間が，環境に働きかけて環境を変化させ，自分にとって適応しやすいようにすることである。

一人ひとりのパーソナリテイは独自性をもち，かけがえのない存在である。すなわち，人間には生まれた時から個人差があり，それは時間が経過するにつれて，現実的，具体的になっていく。これを支えているのが個性化である。

> 個性化：ピアジェのいう「同化」のことである。

3　社会化―個性化の時間的変化

社会化―個性化の周期的発達段階という研究（図2－6）では，パーソナリテイの適応過程を「時間」という点からとらえている。社会化が「顕在化」して，個性化が「潜在化」する段階と，社会化が「潜在化」して個性化が「顕在化」する段階とが，周期的に交互に繰り返される点が強調さ

れている。

　周期的発達段階というのは、「社会化」と「個性化」とが、規則的に一つおきに交互に現われ行動範囲が広がっていくからである。こうした過程をたどって人間形成は進むのであり、社会化と個性化は逆方向の機能でも人間が生きるためには双方(そうほう)を成立させることが必要であることが示されている。

　「社会化中心」の段階と「個性化中心」の段階というように図式化されている。右側の社会化のほうには1〜3歳のところに「基本的生活習慣」とあるが、これは食事、睡眠、排泄、着衣、清潔などの習慣のことで、発達課題である。6〜8歳には「学校適応」、青年期においては「男女適応」、「現実社会への適応」などとなっている。

　それに対して左側の個性化のほうには、0〜1歳は「本能的生活」、3〜6歳は「親への反抗」である。親への反抗とは自己主張、個性を主張することである。8〜10歳の「個人生活」、「親からの離脱」というのも、判断力が備わってくるために、自分の力によって行動するという個性化を意味する。そうしてさらに「理想の追求」へと続く。

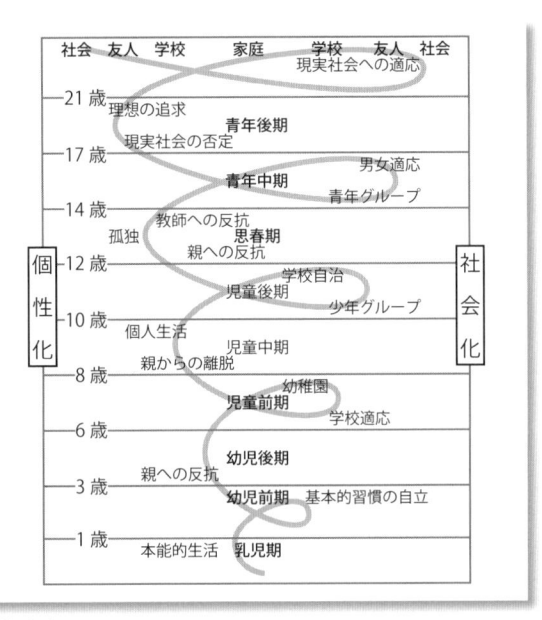

図2－6
社会化－個性化の周期的発達段階

4　社会化－個性化の場面的変化

　現実の具体的場面では、社会化と個性化は「協力－競争」「模倣(もほう)－創造」などとして現われる（図2－7）。

　家庭、学校、社会のいずれにおいても、また、労働とか仕事や、余暇(よか)とか

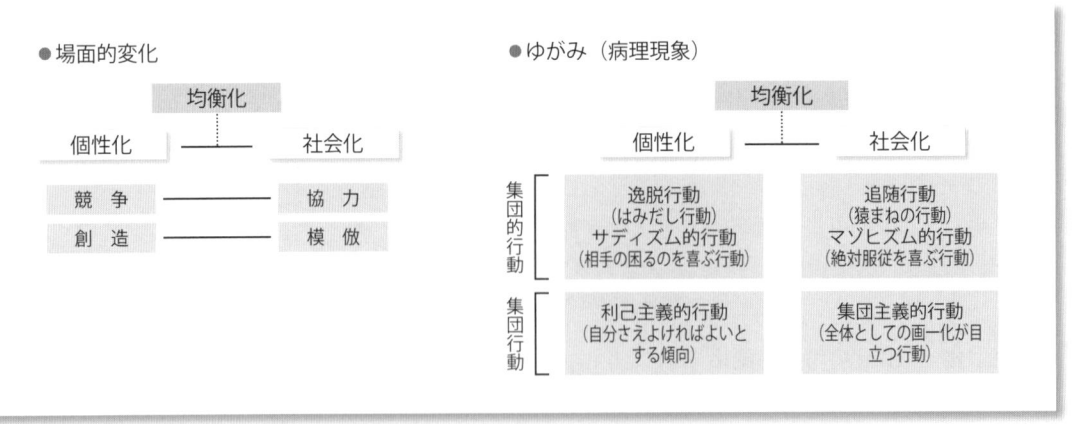

図2－7
社会化と個性化の現われ方

遊びにおいても「協力－競争」「模倣－創造」という場面が含まれる。パーソナリテイの適応にとって避けることはできないのであり、場面的側面として、協力－競争の関わり合い、模倣－創造の関わり合いが問題になるのであ

る。

　この場合，社会化に対応するのは，協力，模倣であり，個性化に対応するのは，競争，創造である。協力，模倣では，周囲の条件に合わせて自分を変えようとするのに対し，競争，創造では周囲に働きかけ，周囲を変えようとする。

5　適応と不適応

　社会化と個性化は「逆方向」である。パーソナリティの適応という「全体」としての点では「1つ」の機能であるが，「部分」としては逆方向の「2つ」の機能である。つまり，パーソナリティの適応は，この社会化－個性化という逆方向の機能の関連のもとに成立する。

　社会化－個性化という逆方向の，2つの機能の間には「均衡化の方向へ動く」という関係がある。バランスがとれているということは安定しているということである。社会化の方向への偏り，個性化の方向へ偏りという現象は「ゆがみ」ということになる。不適応を起こしている時の状態である。

> 逆方向：「和して同ぜず」で，社会化だけでも個性化だけでも適応は成立しない。補い合うことを「相補性」（completementary）という。「相互補完性」ともいう。この社会化と個性化とは，このように「もちつ，もたれつ」の関係であり，また，「車の両輪」の関係である。

2　感情の発達と自我

1　感情とは

　人間は感情の動物であるといわれている。感情とは気持ちのことであり，実際，日常生活はさまざまな感情体験の連続である。人間が行動を起こすときは意識していなくとも興味などの感情が働いている。

1　感情・情動（情緒）・気分・情操

　感情とは，きわめて主観的な，複雑なこころの動きである。いろいろな情動が絡み合っている状態であることから，**複合情動**ともいわれている。心理学では，感情は主に4つの概念に分けて考えられてきたが，感情とはこれら4つを含む上位概念である。

> 複合情動：感情とは「千差万別，多種多様の心的状態を総称することば」である。（『心理学辞典』平凡社）

- ❶　狭義の感情（feeling）

　快・不快を両極とする比較的単純な感情を狭義の感情と呼んでいる。広い意味での感情の土台となるものである。

- ❷　情動（emotion）

　喜びや悲しみ，希望や失望，怒りや恐怖など，急激でかつ強烈なこころの動きを情動という。情動は，行動を促進する，抑制するなど，実際の行動に大きな影響を与えることも，心臓がドキドキしたり，身体が震えたりなど，身体症状を伴うこともある。

> 情動：広義の感情の一側面で，感情と厳密に区別することは難しい。emotionのmotionの語源はラテン語のmovere「動」である。eは「動きの方向」を指す意味がある。emotionは情緒と訳されることもある。

❸ 気　分（mood）
楽しげ，軽やか，淋しげなど，強烈ではないが，比較的持続的な感情の状態を指すものである。

❹ 情　操（sentiment）
洗練され，奥深く，高尚な感情を情操という。精神的・文化的価値に向かう感情であり，道徳的情操・宗教的情操・美的情操などを含む。

2 感情の機能

感情は，人間の生活の中で，あらゆる精神生活の方向付けをする重要なものである。感情が表情や**行為**となった時，そこから人やものとのつながりが生じる。感情は，生理的現象とつながることもある。

人間は嬉しいときには自然に顔がほころび，晴れやかな顔をする。興味のあることは知りたいと思い，自分から進んで本を読んだり，専門家の話を聞いたりする。また，驚いたり，怒ったりしたときには心臓の鼓動や脈拍が速くなったり，発汗したりする。不安ストレスが続くと胃腸が悪くなり，睡眠障害が起こることもある。反対に血圧が下がると，やる気が出てこないなど，感情と精神活動，人間関係，生理的な現象との間には相互関係がある。

3 感情の発達

感情の発達についてはさまざまな考え方がある。ブリッジェス，K.M.B. は，誕生直後の未分化な興奮状態から，空腹や苦痛などの不快な感情と満足のときの快感情が生じ，その後，徐々に他の感情が分化し，5歳頃までに一通りの感情が出そろうと述べている（図2－8）。

ところが，近年，**乳児の表情の研究**が進むにつれ，乳児期のかなり早い時期に，いくつかの感情が表出されることがわかってきた。ルイス，M. は，誕

情操：青年期以降の真理の追求へと向かう自己向上的な感情も情操である。情操は社会的な価値に向かう感情である。

行為：ピアジェは「感情は行為に目的を設定し，知能は行為に手段を提供する」といっている。

乳児の表情の研究：イザード，C.E. によれば，誕生時に興味・喜び・嫌悪・苦痛などの基本的感情が認められるという。

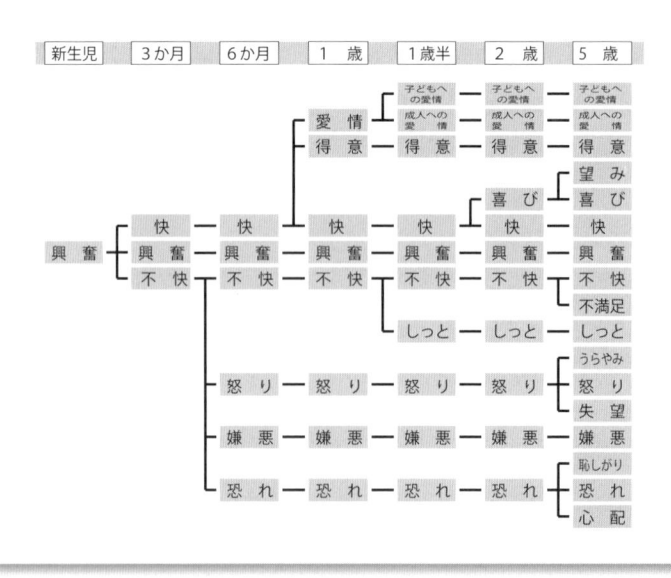

図2－8
感情の分化

（ブリッジェス）

生直後に赤ちゃんは、ブリッジェスの快・不快に相当すると考えられる「満足」と「苦痛」に加え、環境への関心である「興味」の感情を表出している。それらは6か月頃までに喜び、悲しみ、嫌悪、怒り、恐れ、驚きという感情に分化すると考えている。その後、自己意識の成立する1歳半頃から、照れ、共感、自尊心、羞恥、罪悪感という感情が見られるようになるという（図2-9）。

2　感情の発達と自我

エリクソンは**漸成的図式**で、**自我**の発達を8つの発達段階でとらえ、発達課題と危機を示している。自我とは、認識・感情・意志・行為の主体を外界や他人と区別して現わすことばである。

それぞれの段階で発達課題を解決するときに乗り越えなくてはならない危機である不信感、羞恥、疑惑、罪悪感、劣等感や、その時々で生じる自負心や自己尊重、自己肯定感、自己否定感、**有能感**（competence）などは、まさに自我と密接に関わる感情である。

❶ 基本的信頼と万能感

乳児は泣いてほしいものを教える。乳児が「取り入れたい」ものを母親が与え、母親から「与えられるもの」が乳児の「取り入れたいもの」である時、乳児は母親との一体感を増す。乳を与え、食物を与え、微笑みかけ、話しかけ、胸に抱き、温かく包んでくれる母親の姿を通して、乳児は母親を信頼し、与えられるものを、不安なく、取り入れる自分を信頼するようになる。そして、乳児は、自分は何でもできるという全能感（万能感）にひたるのである。この乳児期の温かい触れ合いや全能感が、その後の、心の発達の土台となる。

しかし、日常生活では、自分の欲求にすぐに応えてもらえず、不信を感じる時もある。乳児期には信頼という肯定的感情と不信という否定的感情の両極を経験し、その心的葛藤を乗り越えるという過程で**希望**という人格的活力を醸成するのである。

❷ 自己感と自己意識

新生児の世界は外界と自己が未だ分化していない未分化な状態で自我の境界はない。歯が生えてきた頃、吸啜の時に歯を使ってみる。そうすると母親から「痛い」と、乳首を離される。乳児が初めて自分以外の存在に気づくのはこの瞬間であると考えられている。その後、自分の存在を感じる。スター

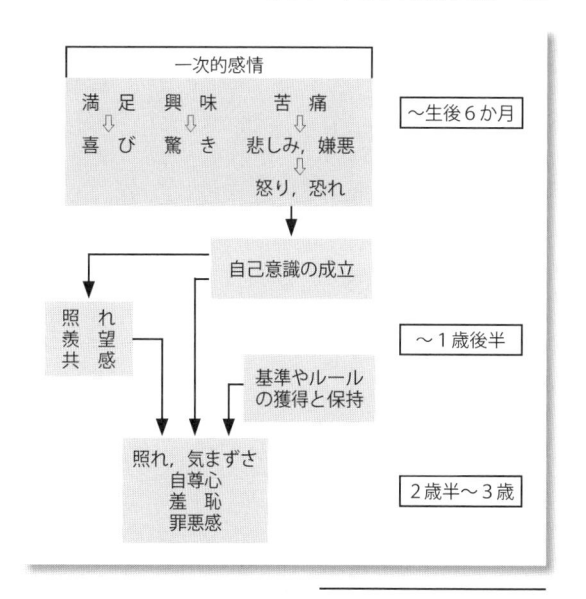

図2-9
感情の発達

一次的感情：対象に対する直接的な感情。その後出現する照れ以下の感情（自分と他者との関係における感情）をルイスは二次的感情と呼んでいる。

漸成的図式☞第4章／1
人生周期と漸成（p.61）

自我：自我と自己とは厳密には区別されているが、この章では、ほぼ同じ意味で用いている。

有能感：自分には自分なりの力があるという感情

希望：漸成される人格的活力の基盤となる。希望とは「求めれば、求めたものは必ず得られる」という確固たる信念をもたらす力であり、乳児が歩みだす、見知らぬ世界への不安や恐怖を克服する力である。

ン, D.N. はそれを「自己感」と呼ぶ。

やがて，筋肉組織が発達し，ことばを発し，自分の足で立った時，乳児ははっきりと自分の存在に気づく。これが**自己意識**である。

3 自尊心と羞恥・疑惑

1歳過ぎになると，筋肉組織の発達により，それまでのつかむことによるものの占有の次元に，自発的に落とすこと，投げることなどの次元が加わり，幼児には自分の身体を律しようとする自律心が育ってくる。

しかし，自律ということ，例えば**一人で立つこと**には，多くの意味が含まれている。すなわち自負や自尊心，賞賛されたいという願望と，反面，孤立，観衆の目にさらされるぞっとするような恐怖，倒れることへの不安など。そして，失敗をしたときには**羞恥**や疑惑という感情も芽生えてくる。その葛藤を乗り越える過程で意志力という活力が生まれ，また，その意志力で葛藤を乗り越えようとするのである。

自尊心とは自己尊重（self-esteem）の感情であるが，自分が自我理想に合致すると認識したときに生まれる。他者尊重の基盤ともなり，有能感にもつながる感情である。

4 自由意志と反抗

ことばが開始すると間もなく現われ出て来ることばに「**イヤ**」がある。「イヤ」の出現と同じ頃に，自由意志が出て来る。自由意志により「あれがいい」「これがいい」「あっち」「こっち」というように，自分の好きなものや，行きたいところを表現できるようになる。自由意志を発揮して行動することは幼児にとっては，楽しくてたまらないことである。そして，自由意志による行動は，自律，すなわち自己統制の意欲や自己制御感（セルフ・コントロール）を育てる。

自分の意志を他人の意志と衝突させることもある。これによって自分の気持ちに気付く。親や大人とぶつかることもあるが，自分の意志を通そうとする。これが「**反抗**」である。

5 積極性と自己肯定感，罪悪感

幼児後期には，身体能力もかなり発達し，ことばも自由に使えるようになり，積極的になる。しかし，この世の中には子どもが触れてはいけないこともある。善悪の判断が十分にできない子どもは，悪いことをすることもあるが，そうした時，親や周囲の大人から叱責もされ，罪悪感をもち，世の中にはしてもよいことと，悪いことがあることを学ぶ。そして，積極性と罪悪感という葛藤を解決する過程でこころの中に育つのが**目的**という活力である。

自己意識：これを機に乳児は幼児と呼ばれるようになる。
☞第2章／4自分の気持ちや考えへの気付き（p.28）

一人で立つこと：一人で立つためには，筋肉をコントロールし，バランスをとることが必要である。

羞恥：羞恥には他律的な羞恥と自律的な羞恥が含まれる。他律的な羞恥とは失敗をした時に「他者に見られて」恥ずかしいと感じることで，自律的な羞恥とは自分がこうありたいという「自我理想」に反することが自分に恥ずかしいと感じることである。

イヤ：ネガティヴィズム（拒否性）と呼ばれる。この「イヤ」は自己主張で，自己を他者にぶつけて再認識するという心理過程を惹起するものである。

反抗：反抗とは親や大人に対して激しく自己主張をすること，抵抗をすることである。反抗が顕著になる時期が発達的には2回あると考えられている。幼児期（第1次反抗期），思春期（第2次反抗期）である。

目的：幼児は，さまざまな体験をする過程で自分の行動の結果を予測できるようになる。この行動の予測性がエリクソンのいう「目的」である。目的とは目指す方向をもつ強さであり，心に思い描く空想や，自分が素晴らしいと思う目的や目標を達成可能なものにしていく力である。

目的とは自分の能力の及ぶ範囲でできることとできないことを区別して，できることを実際に追求していく勇気でもある。そして，そうした勇気をもった自分に対して「**自己肯定感**」をもつのである。

このように，人間は生涯にわたってその時々の危機を乗り越えて発達課題を達成し，人格的活力を育てる。この過程は，感情と自我の発達の過程でもある。

自己肯定感：自分は今のままの自分でよいのだという気持ちである。

3　感情表出の発達

❶ 他者の感情の理解

感情は対人関係の中で起こることが多く，その後の人間関係のあり方に大きな影響を与えることである。他者の感情はどのように理解されているのか。

最近の研究では，生後間もない頃から乳児は母親の感情を区別できる**能力**をもっていることが示されている。乳児の微笑みについては，生後2か月半に母親の目をじっと見つめること，3か月には人の顔に対して微笑み，4か月には母親の無表情に対して泣く，ぐずる，の反応をすることも分かっている。

能力：母親の示す表情に応じた反応を早い時期からすることが分かってきている。

3か月過ぎになると乳児は，母親や養育者を自分の不快な状態を解消してくれる存在として理解し，相手の反応を期待するような行動を見せるようになる。1歳を過ぎると，運動能力や認知の発達が進み，他者の表情を見て自己のネガティブな情動を調整できるようにもなる。これを**社会的参照**（social referencing）と呼んでいる。

社会的参照：初めて出会うった状況にどのように対処したらよいかわからないとき，母親を見て，その表情（に現われる感情）を手がかりにして対応すること。

11か月頃になると指差しを始める。母親の方を見てあるものを指差し，母親と同じものを見ることができるようになる。これを**共同注意**（joint attention）といい，そのときの乳児と母親，ものの関係を三項関係という。

共同注意☞第2章／❶初めてのことば（p.49）参照

❷ 自己の感情の調整

感情の調整とは，表出された情動を何らかの方法で適応的な方向に，あるいはコミュニケーションを円滑にするために調整・制御することをいう。

生後5～6か月になると，泣いていた子どもが養育者のなぐさめや環境の変化，あるいは偶発的な行動によって泣きやみ，まわりの様子を伺ってから，また泣くことを始めるということがある。自らの感情を調整するのである。

また，他者を介した調整だけでなく，指をしゃぶったり，身体をゆらしたりして，自分で自分の不安やつらい気持ちを，**調整**することもする。

調整：感情の調整には，ことばの発達も大きく関係している。自分の気持ちを母親や養育者に伝えて気持ちを落ち着かせることや，感情調整の方法を養育者から学ぶこともできるようになる。3～4歳になると他者の気持ちを考慮して自分の感情を調整するようになる。

❸ 感情の表出と発達

新生児は，空腹などの不快感を泣いてまわりに知らせる。まわりの大人は新生児の世話に動く。

変調：顔面の温度が下がるなど

生後2か月の乳児は母親の姿が見えなくなると不安を感じ，からだに**変調**が生じる。4か月頃には急に泣き出す。これは分離不安（separating anxiety）によるものである。

赤ちゃんの微笑みは新生児期の自発的微笑から始まるが，これも自分では動けない新生児が親を自分の方にひきつける働きをもつとも考えられている。

微笑みの種類	時期	特徴
生理的（自発的）微笑	誕生～生後1か月	まどろみの時に起こる
誘発的微笑	1か月～2か月半	オルゴールの音などに誘発されて笑う
社会的微笑	2か月半～5・6か月	人の顔を見て笑う
選択的微笑	5・6か月～	知っている顔には笑うが，知らない顔には泣く

表出された子どもの感情は，まわりの大人たちを動かす。個人差はあるが，生後5～6か月頃になると，乳児は見知らぬ人を見ると，急に泣き出したり，母親にしがみついたりするが，これを「**人見知り**」という。知っている人と知らない人を識別する能力が発達してきたことによる。

赤ちゃんの微笑みの発達段階：赤ちゃんの微笑みは，ことばや感情，ひいては知能，身体の発達をも促進するものである。その発達段階を示す。

人見知り：スピッツ，R.A.は「8か月不安」と呼んでいる。幼児期の人見知りは不安感情，羞恥，戸惑い，緊張感などが，複合したものである。

しかし，表出された感情が自分や他者にとって好ましいものでないこともある。何に対しても「イヤ」という拒否性（ネガティヴィズム），感情の爆発，反抗などであるが，拒否も反抗も，子どもの発達には意味のある重要なことである。

感情表出の全般的な発達傾向は以下の通りである。これは，心身の発達，特に自我の発達によるところが大きいと考えられる。

❶ 未分化で漠然とした全体的表現から部分的特殊表現へ変容
❷ 外面的表現から抑制された内的体験へと変化
❸ 反応の持続時間が長時間化
❹ 表現が穏やかになる
❺ 身体表現が減少し，言語表現が増加
❻ 情緒的安定性が増加し，情緒的反応の頻度が減少
❼ 反応の多様化
❽ 行動からの推測が困難になる
❾ 表現形式や反応における個人差が増大

図2-10
感情表出の発達傾向

（髙野，1975）

3　身体機能と運動機能の発達

1　身体機能の発達

❶ 身長・体重

出生時，身長約50cm，体重約3kgであった赤ちゃんは，**1年後には身長が誕生時の約1.5倍，体重は同約3倍になる**。その後も目覚ましい発達を続け，3歳で身長約94cm，体重13～14kg，小学校入学時には身長約114cm，体重20kg近くになる。

図2-11は2000年の乳幼児発育調査による男女別の**乳幼児身体発育曲**

乳幼児身体発育曲線：パーセンタイルとは，例えば身長の場合，同年齢の子ども100人を身長の低い順に並べた時，低い方から10番目にあたるのが10パーセンタイル，その子どもの身長は10パーセンタイル値という表し方をする。

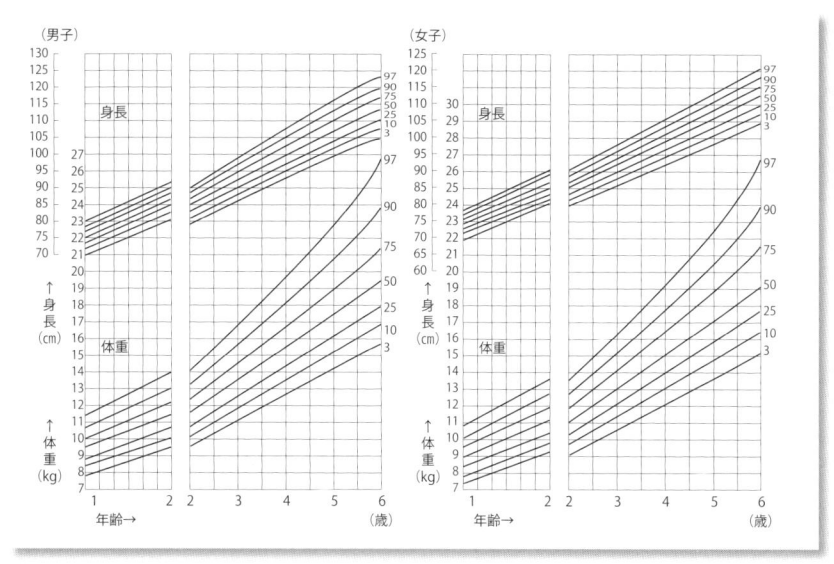

線（パーセンタイル曲線）である。図から，男女とも成長につれて97パーセンタイル値と3パーセンタイル値の差が広がっていることがわかる。

2 脳神経系

出生時の新生児の脳重量は370～400g程度である。それが，生後6か月で出生時の約2倍に，生後1年半頃には約800～1,000gと，急速な増加を示す。その後，増加の速度を緩めながらも4～6歳頃には成人の脳重量の約90％である1,200g前後に，7～8歳頃には約95％に達して，15～20歳頃に**成人レベル**に達する。

出生後に脳重量が増加する要因は，神経細胞（ニューロン）の**樹状突起や軸索**（神経線維）が伸びて，神経線維を網の目状に張りめぐらせること，樹状突起や軸索の本数・太さ・長さが増大すること，軸索の**髄鞘化**が急速に進

図2－11
乳幼児身体発育曲線

成人レベル：成人の脳重量は1,300g前後である。

樹状突起や軸索☞図2－12参照

髄鞘化：これにより信号伝達速度がより速く，より確実になる。ミエリン化ともいう。

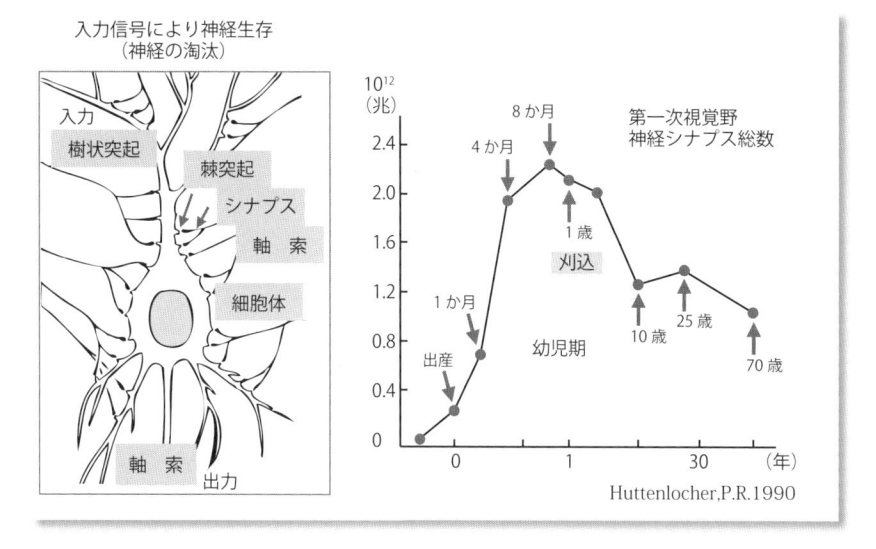

図2－12
神経接続部（シナプス）の過剰生成と刈り込み

（小泉英明編『脳図鑑21』工作舎　2001）

むこと，ニューロン間の接点となるシナプスの数と密度が急速に進むこと，脳に栄養を運ぶ血管系が急速に増殖すること，などである。

莫大な脳神経をもって生まれた人間の脳では，可塑的な乳幼児期に神経接続部（シナプス）の過剰生成と**刈り込み**が行われる。

知性を司り，支配，コントロールする前頭性知性と呼ばれるものが大脳の**前頭連合野**にあり，適切な物理的，社会的環境が脳を成長させる。そして，幼児が自発的に活動し，集中しているときに，多くの**神経回路**が生まれ，刈り込まれていく。

脳神経の刈り込みは**環境，学習，経験で変容**するものである。幼児前期には適切な基本的生活習慣の指導，幼児後期にはふさわしい遊び環境，人的環境の設定が重要である。大脳の発達のためには，集中力と好奇心，探究心は欠かせないことを認識するべきである。

3 循環機能と呼吸機能

出生時，新生児の，1分間当たりの心拍数の平均は140回，その後，成長とともに変化し，乳児で120〜130回，幼児前期で100〜130回，その後，4〜10歳頃まで心拍数は減少し続け，小学校卒業時には80〜90回くらいになる。

呼吸数は出生時，1分間に約40〜45回だったものが，徐々に減少して，幼児期にはおよそ18〜22回になる。これは，筋肉の発達とともに肺の弾力組織が強力になるからである。

循環機能と呼吸機能の発達によって活発な**身体活動**が行えるようになるが，両機能とも幼児期には，機能としては未発達である。

4 免疫機能

免疫力とは疫（病気）を免れる力のことである。これは，**血液細胞**の消化力のことである。

乳児には免疫力がない。母乳，特に初乳には乳児を病気から守ってくれる免疫抗体などがたくさん含まれているので，重要である。**白血球造血巣**は関節や扁桃にあるが，生後1年くらいになると，関節や扁桃が発達し，子どもは自分で免疫物質をつくり，自分で自分のからだを守る力をつける。白血球の消化力は**体温**に依存している。人間の体温が36〜39℃に維持されているのは，**血圧**が120mm Hgに維持されているからである。

5 生殖機能

❶ 第一次性徴と第二次性徴

第一次性徴とは出生時の，外性器の違いによる男女の区別のことである。

刈り込み：これが乳幼児期の，大脳の発達の特徴である。（図2－12）

前頭連合野：前頭前野ともいう。「人間らしさを司る脳」といわれている。

神経回路：自己抑制やしつけは神経回路として形成される。幼児期は，自己抑制，思いやり，他者理解，コミュニケーション能力など人間として，人間らしく生きる基本を身につける時期として強調されるべき時期である。

環境，学習，経験で変容：初期経験の重要な理由はここにある。例えば喃語に含まれる音韻は万国共通であるから，喃語を発する段階では，乳児はどの国のことばでも話す可能性をもっているが，ことばを話す段階になると自国語のもつ音韻しか発音できないようになる。

身体活動：長時間走ることは循環器，呼吸器に多くの負担をかけるので，小休止をはさみながら断続的に行うことが適している。

血液細胞：白血球，赤血球，組織体のことで，この消化には呼吸と解糖から得られるエネルギーが必要である。（西原克成，2001，p.268）

白血球造血巣：白血球をつくる場所。

体温：人間では体温が1.5℃下がると，白血球は消化力を全くなくしてしまう。したがって，免疫力は低下する。しかし，逆に1.5〜3℃上がると，これが急に上昇する。

血圧：四足の哺乳類が身体全体に血液を循環させるためには90mm Hg以上の血圧が必要である。人間の場合，二足歩行のため，立って心臓より高い位置にある脳内血圧を90mm Hg前後に保つようにするため，120mm Hg

第二次性徴とは思春期以降に見られる第一次性徴以外の外観上の差異をいう。

❷ 第二次性徴の発現と性的成熟

思春期に身長の年間発達量が最大に達した後，それに引き続いて第二次性徴が発現する。身体の成長が一定段階に達すると，視床下部下垂体から分泌される性腺刺激ホルモンにより，男子では精巣が発達し，精巣から**男性ホルモン**が分泌され，ひげが生え，にきびや声変わりがみられ，精通が起こる。また，骨格や筋肉が発達して，がっしりした体つきになる。女子では性腺刺激ホルモンにより卵巣が発達し，卵巣からは**女性ホルモン**が分泌される。皮下脂肪が増加し，身体全体が丸みを帯び，乳房・骨盤の発達がみられ，初潮が始まる。この他に，男女ともに陰毛や腋毛の発生がみられる。

> という四足の哺乳類よりも高い血圧が要求されることとなった。
>
> 第二次性徴：通常の発現は女子では10〜14歳頃，男子で12〜15歳頃であるが，個人差が大きい。
>
> 男性ホルモン：アンドロゲンなど
>
> 女性ホルモン：エストロゲンなど

2 運動機能の発達

❶ 反射運動の段階

反射（reflex）運動は**原始反射**や姿勢反射などに代表される，意志や欲求が関与しない不随意運動である。原始反射には，吸啜反射，把握反射，モロー反射，バビンスキー反射などが含まれる。

新生児の反射運動は生後6か月頃までに消失する。反射の消失する時期は反射の種類によってさまざまである。

生後2か月と6か月は発達の大きな変換点である（スターン，1989）。生後2か月にはホルモンの日内変動が安定，脳波が変化し，睡眠と覚醒のサイクルが確立するなど神経生理学的に，また，解剖学的，学習の観点からも著しい質的変化が認められる。生後6か月頃までに大脳皮質が目覚ましく発達し，人との関わりやものとの関わりが質的に大きく変化する。

> 原始反射☞第4章／②新生児期の反射と行動（p.69）
>
> 基礎的運動：基礎的運動の段階とは，二足歩行ができるようになるまでの段階をいう。

❷ 基礎的運動の段階（0〜2歳）（表2−1）

反射運動に対して，意志的，意識的に身体を動かす技能を運動技能という。意志や欲求が伴った随意運動である。乳児の獲得する運動技能は，その後に獲得する運動技能の基礎となるものである。**基礎的運動**技能が獲得されると，「座る」「立つ」「はう」「歩く」「つかむ」「はなす」などの，姿勢保

> 表2−1
> 運動発達の段階と運動技能

発達段階 運動技能	基礎的運動の段階 （0〜2歳）	基本的運動の段階 （2〜7歳）
平衡系の動作	頭・首のコントロール，ころがり（寝返り），胸で支える，座る，かがむ，立つ，立ち上がる	まわる，ころがる，片足立ち，バランス立ち，ぶら下がり，乗る，わたる，逆立ち，浮く
移動系の動作	はう（腹ばい），はう（高いはい），はい昇る，歩く，昇る，おりる	走る，止まる，リープ，スキップ，ホップ，ギャロップ，跳ぶ，跳び上がりおり，よじ昇る，跳びつく，跳びこえる，またぎ跳ぶ，かわす，くぐる，すべる，泳ぐ
操作系の動作	手をのばす，つかむ，つまむ，はなす，ほおる	投げる，蹴る，打つ，つく（まりつき），たたく，つかまえる，受ける，運ぶ，かつぐ，おろす，押す，引く，こぐ

持や移動，ものの操作という運動が可能になる。

❶ 全身運動の発達

からだの各部の発達については，順序性があることが知られている。頭部から尾部の方向に，また，からだの中心部から周辺部の方向に発達が進んでいく。生まれたばかりの赤ちゃんはからだ全体が柔らかく，とくに抱く時には，頭部を支えなければ首が定まらない。生後4か月くらいになると，"首がすわ"って，腰部もしっかりとしてきて，"お座り"ができるようになる。その後，大腿部の発達により"はいはい"を，下肢の発達により"つかまり立ち"を，さらに，足指先も発達することにより，およそ12か月で歩くことが可能になる。頭部（首）から足（足指先）の方向に身体各部が順序をもって発達するとともに，それぞれの運動発達も進んでいく。歩けるようになってから座れるようになる，あるいは，首がすわる，といった発達の逆転はみられない。ただし，こうした発達には大きな個人差がある。

赤ちゃんの知覚や認知，社会性が発達していく過程には，運動発達が大きく影響する。表2-2は，生後およそ15か月頃までの運動発達のめやすである。

❷ 手・指の運動の発達

誕生したばかりの赤ちゃんの手（のひら）に指でふれると，赤ちゃんはその指をしっかり握る。**原始反射**の一つで，「**把握反射**」といわれているものである。これは，赤ちゃん自身の握ろうという意志によっているのではなく，意志と関わりなく，触れられたものに対する反応・反射である。この「把握反射」は，生後3か月くらいでみられなくなり，赤ちゃんの意志でものに**触る，握る，つかむ**といった運動・操作が発達していく。

生後2か月頃から12か月頃までに図2-13に示したような握り方，つかみ方ができるようになる。

しかし，握ること・つかむことができるようになっても，まだ，握ったものを自分の意志で放すことはできない時期もある。生後6か月頃になると，手に握っているものを少しひっぱるようにされると放すようになる。握ったものを自由に自分の意志で放せるようになるのは，およそ7か月頃である。この頃のつかみ方は，指と手のひらのあいだでつかむ（図2-13）。小さなものの時は，4本の指でかき寄せるようにつかむ。生後8か月頃には，親指を内側に動かせるようになり，他の4本の指と向かい合わせてものを「**つかむ**」ことができるようになり，さらに，親指の腹と人差し指の腹によって「**つまむ**」ことができるようになる。親指の先と人差し指の先でもっと小さいも

表2-2
生後15か月までの運動発達の順序

月齢	運動	月齢	運動
0か月	胎児の姿勢	8か月	助けられて立つ
1か月	顎を上げる	9か月	家具につかまって立っていられる
2か月	胸を上げる	10か月	はいはいする
3か月	物をつかもうとするができない	11か月	手を引かれて歩く
4か月	首がすわる・支えられて座る	12か月	家具につかまって立ち上がる・2, 3歩ける
5か月	膝の上に座る物を握る	13か月	階段を昇る
6か月	椅子の上に座る。ぶらさがっているものをつかむ	14か月	ひとりで立つ
7か月	ひとりで座る	15か月	ひとりで歩く

原始反射☞第2章／❶反射運動の段階（p.39）参照

触る，握る，つかむ：赤ちゃんの意志でものに触る，握る，つかむことができる頃になると，ものに興味を示し，何にでも手をのばし，手当たりしだいにつかんだり，握ったり，口に持っていったりする。ものとの遊びが活発な時期であり，そのような経験を繰り返すうちに手・指の発達が進んでいく。

のをつまむこともできるようになるのは、およそ12か月頃である。

❸ 基本的運動の段階（2〜7歳）（表2−1）

二足歩行ができるようになると、幼児の行動範囲は広がり、同時に手でものを動かす、足で蹴るなどの操作的技能を獲得するようになる。

2〜7歳にかけて、大人が日常的に行う動作の型を身につけ、「まわる」「逆さまになる」「ぶら下がる」「走る」「跳ぶ」「よじ昇る」「投げる」「打つ」「つかまえる」などの動作ができるようになる。これらの動作を基本的運動技能と呼んでいる。

2〜3歳では、外見的にはそれらしい運動はできるが、運動パターンの主要な構成要素が欠けるため、動きは大げさであるが、リズミカルな調和のとれた動きはできない。4〜5歳になると、運動の仕方がわかり、自分の運動をコントロールし、調和のとれたリズミカルな動きができるようになる。6〜7歳で、身体の各部を協応させた動きができるようになる。動作の仕方もかなり発達して滑らかさが見られるようになる。

この時期には、全身的な基本的運動技能だけでなく、「描く」「書く」「たたく」「切る」「掃く」「着る」「脱ぐ」など手や腕の基本的運動技能も獲得される。基本的運動技能の獲得は運動技能や知的能力、社会性の発達が背景になっているが、基本的運動技能の獲得はそれらの発達を刺激するという、双方向の関係になっている。また、こうした技能には個人差や性差が見られる。

❹ 運動能力の発達

運動能力は基本的運動技能を獲得する要因であるが、同時に運動技能の水準が高まるための要因でもある。そして、獲得された運動技能を数多く展開することによって運動能力の発達が促される。しかし、児童期と比べると、力強さ、速さ、正確さなどの水準は低い。

一般に運動遊びを好み、いろいろな種類の運動遊びをしている幼児の運動能力の水準は高い。そして年齢が高くなるほど、運動能力は高くなる。運動能力は**運動能力（体力）テスト**によって測定される。

図2−13
手・指の運動の発達

把握反射

小指と掌の間に入れてつかむ

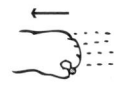

親指以外の4本の指と掌の間に入れてつかむ・小さな物をつかむ時は4本の指でかき寄せるようにする

親指を対向させてつかむ

親指と人さし指の腹で物を摘めるようになる

親指と人さし指の先でつまむ

参考（丸山編『子どもの生きる力は手で育つ』2008 p.66, 70）

つまむ：10か月頃

運動能力テスト：テストの理解などを考慮すると、幼児期では4歳後半から実施可能と考えられる。

児童期になると，それまでに習得した運動や動作をもとに，スポーツに必要な技能に習熟して，スポーツやレクリエーションを楽しむことができるようになる。

4 感覚・知覚と認知の発達

1 感覚・知覚の発達

> 感覚・知覚の発達☞第4章／④感覚・知覚の発達（p.68）参照

生まれてまもない赤ちゃんには，まわりの世界はどのように感じられているのであろうか。1970年代以降の発達心理学研究によって，新生児期の赤ちゃんが知覚・認知面でそれまで考えられていたよりも有能であることが明らかにされてきている。

人間（動物）にとって外界からの情報を受け取ることは生存にかかわる重要性をもつ。外界からのさまざまな情報を受容する役割を担っているのが**感覚**である。視覚や聴覚，嗅覚，味覚，皮膚感覚（触覚）のいわゆる五感等の感覚受容器が，物理的環境からの刺激を受け知覚する。この節では，赤ちゃんの各感覚の発達について概観する。

> 感覚：視覚や聴覚，嗅覚，味覚，皮膚感覚（触覚）のいわゆる五感と，運動感覚，平衡感覚，内臓感覚の8種類

❶ 視　覚
① 視　力

かつて，生まれてすぐの赤ちゃんはほとんど目が見えないといわれていた。しかし，人間の新生児は，出生直後から物を見ることができる（実験により，0.02程度の視力であることがわかった）。明視距離は30cmくらいであり，ちょうど抱かれた時に抱いている相手の顔に焦点が合うくらいの視力である。生まれたばかりでも，母親（養育者）に抱かれたときにはアイコンタクトによってコミュニケートできる視力ということである。また，赤ちゃんは，生後4時間から24時間で母親の顔を見分けていることが実験により明らかにされている。

> 選好注視法：ファンツ（Fantz）らによって開発された，乳児の視覚行動を観察する手法。

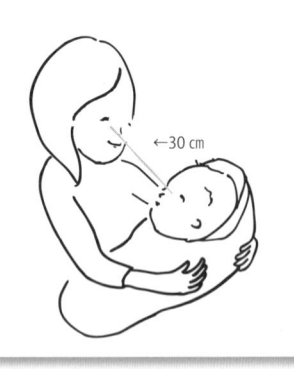

選好注視法という手法を用いた実験・観察により，赤ちゃんの視覚的能力が明らかにされ，生後2週間の新生児で0.03程度，その後ゆっくりした発達がみられ，3〜5歳（2〜3歳とも）までには1.0くらいと，かなり大人に近い視力まで発達するといわれている。しかし，子どもの視覚発達が完成し，大人とほぼ同程度の視覚機能に発達するのは8〜9歳頃である。

第2章 子どもの発達の理解　43

> ●コラム● 視力発達と絵本の読み語り
>
> 　保育・教育実習の際に，"読み語り（読み聞かせ）"を経験する実習生は多いことでしょう。実習前に充分に練習を重ねてから臨むことが大切ですが，実際の保育場面では，子どもたちの生き生きとした表情や声などに触れて，ページを繰るタイミングを考えたり，読み方の工夫をしたりすることを学んで欲しいと思います。
> 　絵本の繊細な色づかいやタッチ，ディテールの描き込まれた紙面の隅々まで，子どもとともに味わうことのできる経験としたいものです。そのためには，それらが充分に子どもに見える位置での読み語りであることが必要です。理想的には，保育者（実習生）と子どもが face to face で，あるいは，保育者の膝の両側に一人ずつ。しかし，現実の保育実践の場面では，多人数の子どもたちの前で読み語りすることも少なくありません。そうした時にも子どもたち全員が紙面を眺めることができるように，また，はっきりと聞きとることができるような，位置や場所，声の大きさなどに配慮しなければなりません。ただ，フィジィカルな面での子どもの視力発達を考えても，できることならばあまり大勢の子どもたちに絵本の読み語りをすることは避けたいものです。
> 　子どもたち何人かがイスに座り，保育者が立って絵本を掲げ見せながら，あるいは，子どもたちは床に座り，保育者がイスに腰をかけて読み聞かせている場面を，保育現場でよく見かけます。そのような状態では，子どもたちは，斜め下の位置から絵本を見上げるような姿勢になります。絵本の材質としては，光沢のある紙質のものがほとんどです。紙面に室内灯の光りが反射しないように気をつけるとしても，決して，子どもたちにとって絵本の絵を十分に楽しむことができる体勢とはいえません。読み語りのための絵本として，大きなサイズのものもありますが，それでもディテールまでは，見えにくいのではないでしょうか。子どもの視力発達については，新生児の視力が0.02くらい，生後半年ごろから急激に発達しますが，視力発達がほぼ完成するのは何歳くらいだと思いますか。漠然と，幼児期2歳から5歳くらい，少なくとも，小学校入学前には，その子どもなりの最も高い視力まで発達しているように思っている方が多いのではないでしょうか。ところが，子どもの視力が大人とほぼ同程度の視覚機能に発達するのには，8，9歳頃までかかるといわれています。保育所や幼稚園で，集団での絵本の読み語りを体験している子どもたちの視力は，まだ十分に発達していない，発達の途中にあるということです。多人数での読み語りの折に，子どもたちが絵本本来のよさを楽しむことができているのか，心許なく感じられます。

読み語り：一般に「読み聞かせ」といわれているが，子どもに読み「聞かせる」よりも，「語る」方が，絵本を子どもとともに味わい楽しむニュアンスをもっている表現と思われる。

② 奥行き知覚

　視力とは，奥行きに関する知覚を含まない，どれほど細かいものを見ることができるかという能力をいうが，赤ちゃんは，奥行きを伴う三次元的な構造についても知覚しているのだろうか。

　赤ちゃんの奥行き知覚について調べた実験として，ギブソン,E. とウォーク,R.D. の視覚的断崖実験がある。1m程の高さの差のある床の全体に模様をつけ，透明のガラス板を通して浅い側と深い側の床が見える**装置**をつくり，赤ちゃんを浅い側に置いて，深い側の端にいる母親に赤ちゃんを呼んでもらう実験である（図2−14）。ハイハイのできる6か月以降の赤ちゃんが深い床との境の段差（断崖）に気付くかどうかを調べ

装置：この装置は，「社会的参照（Social referencing, 他者への問い合わせ）」についての実験でも用いられている。

図2−14
視覚的断崖

弁別：(discrimination) 識別すること。実験心理学の用語。

たところ，断崖に恐れて母親のところにハイハイしていくことはできなかった。このことから，6か月児でも奥行き（深さ）を弁別し，知覚していることがわかった。

> ●コラム● 赤ちゃんは有能
>
> 近年，認知発達についての研究のなかで，乳幼児期の有能性（コンピテンス）が強調されてきました。「奥行き知覚」や「言語音と非言語音」の区別をはじめ，わずか生後36時間児が，「大人の表情を模倣（共鳴）すること」などです。「社会的参照（social referencing）」も，そうした赤ちゃんの有能性（コンピテンス）の1つとして知られています。
>
> 社会的参照というのは，"他者への問い合わせ"のことです。赤ちゃんが遭遇した出来事にどう対応したらよいかを養育者の反応を伺って決めることです。
>
> その手続きとしては，図2-14のような装置の一方の端に，まず赤ちゃんを座らせ，もう一方にお母さんに立ってもらいます。そしてお母さんに，赤ちゃんを招いてもらうと，赤ちゃんはお母さんに向かってハイハイして行きますが，約半分の距離のところに行くと，下が断崖に見えるので止まってしまいます。この時，お母さんがおびえた表情をしたり，怒った表情をしたりすると，赤ちゃんは，断崖に見える場所を渡ってハイハイして進むことはできないのです。

新生児・乳児の有能性：バウァー, T.G.R. らの研究により解明された。

2 聴　覚

新生児には聴力もある。人が聴くことのできる音の高さはだいたい20Hz～20kHz，音の大きさは120dBくらいまでといわれている。赤ちゃんはすでに胎児期から聴覚が発達しており，誕生直後でも音の大小や高音・低音をかなり聞き分けることができる。物の音よりも人の声に反応することから，言語音と非言語音の区別をしていることがわかる。父親と母親が赤ちゃんに声をかけると，母親の声にとりわけ強く反応する。

3 嗅　覚

赤ちゃんは，胎児期から嗅覚が発達している。誕生直後には，自分の母親の羊水と他人の羊水の匂いを区別できるといわれている。徐々にその力は低下し，かわりに，授乳により自分の母親の母乳の匂いを選好するようになる。また，まだ食物を食べる経験をしていない新生児も，腐った卵などの臭いに対して嫌悪の表情を示すという。

4 味　覚

味覚の働きは，口の中に入った物を摂取してよいものといけないものとに選別することである。生得的な味覚の働きに加えて習得的な働きもあるが，胎児期からある程度の味覚の発達があると考えられている。新生児は，甘味・酸味・苦味に対して大人と同じような反応をすることが実験で確かめられている。

5 皮膚感覚

皮膚感覚は、触覚・圧覚・温度感覚・痛覚に分けられる。皮膚に何かが触れたという感覚は誕生直後から発達しており、足の裏や口のあたりはとくに敏感であるが、赤ちゃんは温度感覚や痛覚はまだ十分に発達していない。

赤ちゃんは以上のような五感をはじめとする感覚受容器を働かせて、まわりの世界からの刺激を知覚し、それらと活発にやりとりする中で、身のまわりのモノや自分の身体、自分以外の人の存在に気づいていくようになる。親（養育者）がスキンシップをしたり語りかけたりする働きかけや、赤ちゃんの発声や表情、身体の動きへの応答による赤ちゃんとの相互交渉は、視覚や聴覚、触覚等にとって適切な刺激となる。

> **鏡に映っているのは**
>
> 鏡に映った自己の姿（鏡像）が自分だとわかるのは、何歳くらいか？ 鏡像が自分の映った姿であると認知できるようになるのは、1歳過ぎから2歳頃といわれている。
>
> Q それでは、幼児が鏡に映った姿を自分だと認知できているかどうかを調べるためには、どのような実験をしたらよいか？実験方法を考えてみよう。

☞ 第5章／事例 6 (p.106) 参照

2　思　考　の　発　達

1 ピアジェによる思考の発達段階説

ピアジェ J. によれば、思考の発達は、誕生から2歳頃までの**感覚運動的段階**と、それ以降の**表象的思考段階**に分けられる。表象的思考段階は、前操作期（幼児期、2～7, 8歳頃）、**具体的操作期**（児童期、7, 8～11, 12歳頃）、**形式的操作期**（青年期以降、11, 12歳頃～）に分けられている。

感覚運動的段階（～2歳頃）は、見る、触る、口に入れるなどの感覚運動活動によってものを認識する。

幼児期の前操作期には、**象徴機能**が現われ、具体的なものをことばに置き換えることができるようになる。前概念的思考（象徴的思考）の段階（2～4歳頃）と直観的思考の段階（4, 5～7歳頃）がある。

直観的思考の段階にある子どもの思考の特徴として、ものの見え方に左右されやすいということがある。図2－15のようなピアジェの保存の概念に関する研究がある。AからBに移した水の量を「減った」、CとDとの比較でDの方が「多い」ととらえるのは、液体の量について、水面の高さだけに注目しているためと考えられる。他にも、たとえば、数について、Eのように、白と黒のおはじきを等間隔にして同じ数であることを確認した上で、

ピアジェ☞第1章／3 ピアジェの理論 (p.10) 参照

2歳頃：各段階の年齢範囲は一つの目安である。

象徴機能：(symbolic function) 思考やイメージを介してシンボルと指示対象との関係を間接的に表す働き
☞第5章／事例 9 解説 (p.115) 参照

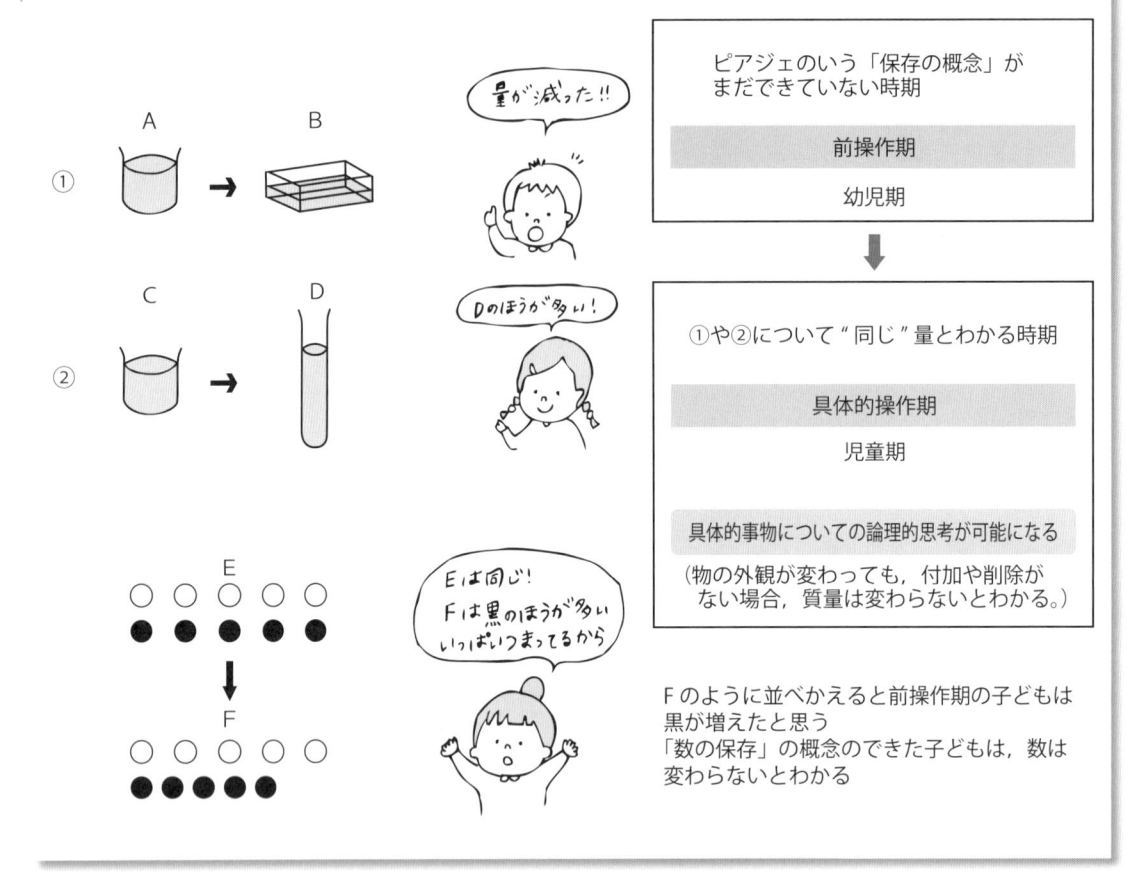

図2−15
ピアジェの保存課題

アニミズム的思考：夢に見たことやおとぎ話が実在すると考えたり（実在論・実念論），生命のないものに生命や意識を認めたり（アニミズム）する。

Fのように並べ替えると，幼児期には，黒いおはじきの方が増えたと答える。対象の形や状態を変形させても対象の数量といった性質は変化しないという「保存性の概念」がまだ獲得されていない段階にあるからである。

　このように前操作期の子どもは，知覚的に目立つ特徴的な次元にだけ注目するという認知の限界性がみられる。幼児期のまだものの見た目に左右されやすい段階から，児童期になると具体的事物についての論理的思考が可能な具体的操作期となる。児童期になって，保存性を獲得した子どもは，AとB，CとD，EとF等について，ものの見かけに左右されることなく，「（新たにつけ加えたり取り去ったりしていないので）変わらない」と説明できる。

　前操作期の子どもには，自己中心性（中心化）や**アニミズム的思考**といった心理的特徴もみられる。自己中心性とは，幼児が自分自身を他者の立場においたり，他者の視点に立ったりすることができないことをいう。前操作期における自己中心性（中心化）を脱することを脱中心化という。

● 思考は段階を経て発達する

感覚運動的段階		乳児期（誕生〜2歳頃まで）	—	身体運動に基づく
表象的思考段階		幼児期以降　（2歳頃〜）	▼	
	前操作期	幼児期（2〜7・8歳頃）	—	表象の操作が可能となるが論理的には不完全
			▼	
	具体的操作期	児童期（7・8〜11・12歳頃）	—	具体的事物の論理的操作が可能
			▼	
	形式的操作期	青年期（11・12歳頃〜）	—	抽象的な論理操作が可能

3　記 憶 の 発 達

　乳児にも感覚運動的な記憶能力があることが実験により示されている。たとえば、哺乳の姿勢をとるだけで、赤ちゃんは乳首を探すようなしぐさをする。さらに、目の前から見えなくなった人や物をさがす、"**対象の永続性**"がみられるようになる。1歳半頃からは動作などの"**遅延模倣**"も現れる。2, 3歳頃になると、文章の復唱などもできるようになる。

　記憶は、情報を短期記憶に蓄え、その一部を長期記憶に保持し、保持された記憶を想起するというメカニズムである。記憶には、効果的に覚える方略がある。記憶方略として「リハーサル」や「体制化」がある。「リハーサル」とは、記憶しなければならないことばを声に出して何回も繰り返すことをいう。「リハーサル」が自発的に出現するのは7歳頃、また、自発的にグループ化して記憶することができるようになるのは、10歳頃からといわれている。

対象の永続性：ピアジェは、対象物が見えなくなったとしても、触れられないとしても、存在し続けていると、生後8か月頃から理解し始めるとした

遅延模倣：（延滞模倣）模倣の相手（対象）の動作について、その行動の直後にみられる模倣でなく、時間が経過してから模倣がみられること。9か月児にもみられるが、よく出現するようになるのは1歳半頃から。

> ●コラム●　記憶の発達（幼児期健忘）
>
> 　幼児期の記憶には、大人と違った特徴がみられます。一度にたくさんのことを覚えられない一方で、たとえば、アニメのキャラクター名を数十も覚えている場合もあります。
> 　では、人は小さい頃の出来事について、どのくらい覚えているでしょうか。さかのぼって思い出すことができる最も幼かった頃の経験はどのような出来事でしょうか。一般には、4歳頃より以前の出来事の想起は減少するといわれています。幼い頃の経験が想起できないことを「幼児期健忘」といいます。

> 心の理論（theory of mind）
>
> 　1980年代より、発達心理学の貴重なトピックの一つとして、他者の考えや気持ちを正しく推測する「心の理論」の問題が研究されてきた。以下は、幼児の「心の理論」の発達を調べるためによく用いられる「誤信念課題」といわれる課題である。
> 　［誤信念課題］
> 　　《登場人物の2人の間の理解のズレがわかるかどうか》
> 　　Aちゃんは、チョコレートを戸棚に入れて遊びに出かけた。

> お母さんはAちゃんがいない間にチョコレートを戸棚から冷蔵庫に移した。
> →帰ってきたAちゃんはチョコレートを食べようと思って…。
> さて，Aちゃんはどこにチョコレートがあると思っているか？
> （どこからチョコレートを出そうとするか）
>
> 　4歳前後から下の子どもは，実際に今チョコレートが入っている「冷蔵庫にあると思っている」と答える。4〜5歳くらいになると，「本当は冷蔵庫に入っているが，Aちゃんは戸棚に入っていると思っている」と答えることができるようになる。
>
> 　たとえば，お医者さんごっこをする際に，「Aちゃんはお医者さんの役，お熱があるのはBくん，Cくんは……」といった割り当てをして遊ぶ「ごっこ遊び」では，一緒に遊んでいる仲間（相手）がどのようなつもりなのか，心を推測（理解）しながら遊びを展開していく。人の心を理解する力，「心の理論」の発達が遊びや仲間関係の広がり・深まりに関わるのである。

5　ことばの発達－話して伝える，考える

　生まれてすぐのまだことばの話せない赤ちゃんも，全身を用いて豊かな能動的コミュニケーションを実現している。そうしたコミュニケーション能力も備えて誕生してくる赤ちゃんは，ことばによらないやりとりを活発にするうちに，生後12か月前後には**初語**を発する。その後，しだいにことばを獲得していくが，そのプロセスとして，ことばの発達には4つの段階があるとされている。

　第一段階は，初語の出現する1歳頃までの時期である。第二段階（1歳〜3歳頃）は，語彙が拡がり文法の基礎ができる時期であり，2歳頃には多くの語彙を獲得する"語彙爆発"がみられる。第三段階として，3歳〜6歳頃には，文法能力が発達し，会話のスキルを急速に獲得する。第四段階は，6歳頃以降の「**二次的ことば**」を獲得する時期である。

❶　初めてのことば

　ことばを用いた対人的コミュニケーションができるようになるまでには，乳児と母親（養育者）との対人関係において，表情や発声，身体の動きなどによるコミュニケーションがなされる。

　生後8週頃には，「クークー」「アー」といった呼吸に伴って発声される静かで低い音が観察されるようになる。これを**クーイング**という。また，喉からのゴロゴロといった発声（ガーグリング）も観察される。
　生後6か月頃には**喃語**（バブリング）が観察される。「ババババ」といった特定の音を繰り返す初期の重音性の喃語から，成長にしたがって，「バーブー」「アデゥ」といった複数の音の混じった喃語が

初語：乳児の行う発声において，初めて発現する大人に意味の分かる有意味語。

二次的ことば：現在の場所や時間を離れた話しことばや書きことば。その場での経験を共有していない相手にも伝えることのできることば。

クーイング：(cooing) 生後6〜7か月までの乳児が頻繁に発する音声。

みられるようになる。喃語は，日本語を母国語とする赤ちゃんも，英語その他の言語を母国語とする赤ちゃんも，似た同じような音を発するといわれている。これらの段階では，「乳児と母親（養育者）」の関係（「人」－「人」の二項関係）から，さらに「もの」についての乳児の興味が顕れてくる（「人」－「物」の二項関係）。そして，さらに，生後9，10か月頃から，**共同注意**と手渡し，**指差し**が可能となり，それらが統合されて，（「乳児」－「もの」－「母親（養育者）」）という三項関係とよばれるコミュニケーションが成立する。「もの」という話題について母親（養育者）と乳児との言葉を用いた対話が成立し，おもちゃなどもののやりとりも楽しむようになる。

　生後11か月頃になると，「マンマ」「ママ」「パパ」等，意味のあることばを発するようになる。このような意味のある初めてのことばを初語(始語)という。初語については，たとえば，「マンマ」という初語の場合，はじめは何を見ても「マンマ」と発したり，「パパ」という初語の場合，誰を見ても「パパ」と言ったりする。1語であるが，「マンマ（ほしい）」「パパ（だっこ）」「ワンワン（がいる）」「ワンワン（こわい）」といった文の働きももつため**1語文**といわれる。

　親が赤ちゃんに話しかける時，**マザリーズ**（母親語・育児語）といわれる特徴のある語りかけをしている。赤ちゃんの聞いて理解する能力としては，1歳頃には，まだ話せなくても20語以上くらいのことばを理解できるようになる。

2 語彙のひろがり

　初語から半年くらいは，「ワンワン」という語を，絵本のライオンを見て「ワンワン」といったり（拡張），赤ちゃんの自宅で飼っている犬だけを「ワンワン」という，といったある特定のものにのみ用いる（縮小）等の間違いも多い。この時期の発語は正確な意味が特定できないこともあるが，しだいに構音もしっかりとできるようになってくる。

　1歳後半には，「パパかいしゃ」といった2語文が出るようになり，「パパのコップ」というように助詞が使えるように，さらに多語文へと発達していく。

三項関係

二項関係

共同注意：「同じ対象に同時に注意を向ける」とともに，「お互いに何を見ているのかを知っている」ことを含む。ジョイント・アテンション

指差し：9か月頃，他者の指差す方向に視線を向ける。
12か月頃，指差すことによって他者に示すことができるようになる。

マザリーズ：文化や言語をこえて，一般に大人が赤ちゃんに話しかける時，抑揚のある高いトーンでゆっくりしたテンポやオノマトペ（擬音語，擬態語，擬声語）や短い文，休止や繰り返しが多い。

2歳頃（生後 16 〜 20 か月）になると，"語彙爆発"と呼ばれる時期となり，日常生活の経験を重ねる中で，一日にたくさんの語彙を増やしていくようになる。子どものことばにゆったり耳を傾けたり答えたりする大人の受容的な働きかけ，とりわけ，子どもが話すことに喜びを感じられるような応答が大切である。

> ●コラム● 幼児の身につけていることばは？－5歳児のボキャブラリー
>
> 赤ちゃんが初めて意味のあることばを発するのは，1歳頃。それから5歳頃までにどのくらいの数のことばを身につけていると思いますか？
>
> 満5歳になった子どもの語彙数は，1050語前後ということです。井上ひさし氏『にほん語観察ノート』（2004）によれば，このデータは，「全国から選んだ6人の0歳児のお家に機材を常設してテープは回しっぱなし。その上，定期的に面接も行うという録音観察調査，それも5年間にわたる画期的な追跡調査（NHK ラジオ『ことばの誕生』という番組による調査）」（P.54）から得られたとのことです。
>   そのおよそ1050語ほどの5歳児のボキャブラリーのうち，使用度数の多いのは次の20語だそうです。「①これ ②居る ③ない ④ここ ⑤行く ⑥する ⑦いい ⑧やる ⑨くる ⑩なに ⑪ある ⑫いや ⑬こっち ⑭こう ⑮言う ⑯どこ ⑰取る ⑱そう ⑲なる ⑳たべる」
>
>   さて，みなさんの語彙はどれくらいでしょうか？しばしば用いている使用頻度の高いことばはどのような語でしょうか？5歳児で1000語をこえているのですから，何千か，何万か。一語一語数えることはとうていできそうもありませんが，井上氏の前掲書（p.53 〜 56）には，成人のもつ語彙数を推定する簡単な方法も紹介されています。興味のある方はぜひ一読を。

3 伝えるためのことば・考えるためのことば

ことばは他者とのコミュニケーションの道具・伝達の手段であるとともに，思考の道具でもある。子どもは，はじめ，コミュニケーションの道具としてことばを獲得する。その後，考える手段としてのことばも獲得していく。そうした過程に，独語のつぶやきがみられる。この時期の独語について，ピアジェは「自己中心語」として，自己中心的思考に付随するものであり，発達とともに消えていく不要なものととらえた。一方，ヴィゴツキーは，「自己中心語」について，3歳頃から思考の道具として自分に向けて用いることばととらえ，小学校入学前頃までに音声なしで頭の中だけで思考する「内言」へと発展・移行するものと考えた。

内言：ヴィゴツキーは，伝達の道具としてのことばを「外言」，主として思考の道具としてのことばを「内言」と区別した。

〈問題を解決しようとするときにみられる幼児の独語（自己中心語）〉

4　母語の体系の獲得

　小学校入学前の6年間に，ほとんどの子どもが日常会話として用いることができるまでに日本語（母語）を身につけている。日本の場合，通常，中学から高校にかけての6年間の学校教育において，外国語（第2言語）として英語の授業が設置されている。一週間に何時間かの英語の授業を受け，その予習・復習としての自主的な学習をしたり，さらに塾に通ったりして学習を重ねても，不自由なく英語で日常会話ができるようになるというのは難しいのが普通である。こうした外国語の習得に関する困難と比較すると，生まれてから5, 6歳の頃までに日常の会話にほぼ不自由のないくらいにまで日本語（母語）を獲得できているということは驚くべきことである。日本語に限らず，どの言語もその体系は非常に複雑で抽象的である。にもかかわらず，とりたてて体系的に学習したり訓練したりすることなしに，幼児期にはその複雑な言語体系を日常生活のなかだけで自然に身につけているのは興味深い。

5　音韻意識とかな文字への興味

　「しりとり遊び」をする時，「すいか」⇨「かもめ」⇨「めだか」……と，次々に語が繋がってしりとりができる場合もあるが，幼児期にはなかなか語が続かない場合もある。ことばは連続した音の連なりである。しりとり遊びができるようになるためには，ことばの音韻について2種類の処理能力が必要と考えられる。一つは，単語の語尾の音を抽出する能力，もう一つは，その音ではじまることばを検索す

る能力である。たとえば，「すいか」という語は３つの音節からなっている。しりとり遊びをするためには，「す・い・か」と，音節に分解し，最後の音節である「か」を取り出して，それが最初にくる単語を探すことができなければならない。幼児期には，語を音節に分けてそれぞれを抽出することがまだ難しい段階もある。

連続音であることばを音節に分解して抽出し，文字のコードに対応させることを「音韻（的）意識」という。「音韻意識」は，幼児期中期から後期に形成される。まだ，「音韻意識」が低い段階では，**かな文字の習得**は困難とされている。

しかし，まだ十分に「音韻意識」の形成されていない子どもも，単語について意味上のヒントが与えられればしりとり遊びに参加することができる。こうしたことば遊びを楽しむことによって，ことばの音韻やかな文字の読みへの**興味や関心**につながっていくと考えられる。

> かな文字の習得：現行では，小学校入学時には，自分の名前が読めて書ける程度でよいとされている。実際には，約８割の子どもが平仮名の読み書きがほぼできるようになっているという。

> 興味や関心：幼稚園教育要領や保育所保育指針においても，日常生活や遊びの中でことばや文字に興味や関心をもつようにすることが示されている。

●コラム● 幼児早期教育への関心の高まり

偏差値への批判や価値観の多様化がいわれつつも，幼児早期教育ブームにより，受験競争はすでに幼児期から始まっているともいえます。幼児期の早期教育については，発達心理学や教育心理学の諸研究から疑問や懸念が示されています。にもかかわらず，我が子に少しでも早く文字を覚えさせたい，英語やピアノは小さい時から習うのが肝要，パソコンにも触れさせたい等，幼児期の極初期から教育熱に浮かされたような家庭もみられます。そうした幼児早期教育ブームに警鐘を鳴らしている次の記事を紹介します。

○失語誘う"テレビ漬け"（2001年３月30日　毎日新聞）
　テレビやビデオに触れすぎることで，言葉を失う子どもたちがいる。３歳１ヶ月の現在，名前を呼んでも振り向くことはなく，視線も合わない。また，２歳８ヶ月のとき，一度覚えた言葉が消えてしまった。さらには，１歳９ヶ月で，重度の吃音のみられる子。
　専門家は，以上のような事例の原因を，生身の人との関わりが欠如し，テレビやラジオ等の一方的に映像と音を送り込むものに触れすぎたことと分析している。一つめの事例の子どもは，英語教材のビデオを，生まれた直後から見せられて育った。岩佐京子さんは，「実態があって，言葉があって，それを繰り返し聞く中で言葉を覚えていく」が，ビデオの影響によってそれが欠如した，と分析している。
　また，二つめの事例の子どもは，10か月の頃から，親が幼児教材のビデオを買って見せ，フラッシュカードを始めたのだという。しかし，片岡直樹教授（川崎医科大学，小児科）のアドバイスでビデオを全面禁止し，母親が一対一で遊びにつき合っていくうちに，少しずつ言葉が戻ってきた。
　最後の三つめの事例の子どもは，生後11か月から数や文字を覚えるカードをやらされていた。一歳ごろに言葉が出たが，それから８か月ほどで障害が現れた。小児科医の巷野悟郎さんの説得によって，そうした勉強をやめ，日常の親子のやりとりを大事にするようにしたところ，障害は一週間ほどで治まったという。

　内田氏は，『知能開発』を宣伝文句にした早期教育ビデオを毎日30分～１時間見せられた２歳児は，３歳の時点で言語や認知，社会性の発達がかなり遅れてしまうというデータが発表された（Zimmermen et al., 2007）ことをあげ，「子どもは社会的やり取りによって発達するので，一方的な情報を流すビデオに曝されることは子どもの発達に害こそあれ，益はないのである。」と言及しています。(2008, p.267)

第3章
人との相互的関わりと子どもの発達

1 基本的信頼感の獲得

　赤ちゃんは，お腹がすいた，眠い，痛い等のメッセージを，泣いたり，表情や動作，身体全体で表す。いつも身近にいて赤ちゃんと触れあい，そうしたサイン（シグナル）を理解して応答してくれる人（**母親・養育者**）に赤ちゃんは信頼感を抱く。エリクソンの発達理論でいう**基本的信頼**である。生理的には未熟な状態で生まれてくる人間の赤ちゃんは，だれかに養育してもらわなければ自分一人の力で生きていくことはできない。いくら泣いてもメッセージを理解されず，授乳や排泄等の世話もしてもらえなければ，赤ちゃんはまわりの人を信じて安心することができない。乳児期には，まず，母親（養育者）の養育を通して，守られていることを実感することで信頼感を得る。それを基盤としてしだいに家族以外の他者に対しても信頼感を広げ，人間関係を築いていくのである。

1　新生児の微笑み－母子の相互作用

　新生児期の赤ちゃんを観察してみると，新生児期に特徴的ないくつかの行動・反応がみられることがわかる。「**原始反射**」といわれる反射的な行動であり，生後3～5か月くらいでほぼ消失してみられなくなる。そのなかに，

母親・養育者：乳児に関わる保育者は，母親（養育者）と同様に子どもからのサイン（シグナル）に敏感に応答することが求められる。

基本的信頼☞第2章／**1**基本的信頼と万能感（p.33），第4章／**1**基本的信頼とは何か（p.71）参照

原始反射：「新生児微笑」，「吸啜反射」，「把握（握り）反射」，「バビンスキー反射」，「モロー反射」，「原始歩行」などがある。☞第4章／②新生児期の反射と行動（p.69）参照

「**新生児微笑**」とよばれる微笑み反応がある。新生児にみられるそうした微笑みは，赤ちゃんの睡眠時に多くみられる生理的な反応であり，人（対象）に向けられたものではないが，愛らしい微笑みの表情を見た者は思わず微笑み返すという関わりのきっかけとなる。周囲の人々に赤ちゃんが可愛い，愛おしいという気持ちを引き出し，養育行動を誘発するものといえる。生まれたばかりの赤ちゃんもこうした反応により自然な働きかけをすることによって，母親（養育者）との間に相互作用がなされているといえる。

> 新生児微笑：「自然的微笑」「生理的微笑」とも言われる。近年，チンパンジーやニホンザルにもその存在が確認されている。

2　愛着－親子の心のつながり

赤ちゃんは，日常的に抱いてくれたり，**あやして**くれたりする等，頻繁に自分とやり取りをしてくれる人に特別の親しみを持つ。母親（養育者）との間に，生まれて間もないうちにそうした緊密な情緒的つながりが形成され，それが養育行動を引き出すことにもつながっている。

ボウルビィ，J. は，そうした養育者との間で形成される心理的結びつきを「アタッチメント（attachment）」と名づけた。日本語訳としては「**愛着**」という用語が定着してきている。愛着という語は，日常でも「〜に愛着がある」「愛着のある品」といった表現で用いられているが，ボウルヴィのいう愛着とは「特定の対象」への「特別な情緒的結びつき」のことである。赤ちゃんにとって，いつも愛情をもって接してくれて，赤ちゃんの表情や動作や発する声の意味をわかってくれる，特定の人との関わりを持つことが重要なのである。

> あやし：赤ちゃんは特定の大人のあやし方を理解して，自分も体を動かしたり，声を出したりして，非言語的コミュニケーションのパターンが確立する。（バウアー, T.G.R., 1979）

2　愛着のひろがり－他者との関わり

1　愛着の発達

赤ちゃんは，まず，**特定の対象**として，母親（一人の養育者）への愛着を形成する。その後，やがて特定の人以外にも愛着の対象を広げていく。健全な愛着の発達は，段階を経て進み，ボウルヴィによると4つの段階を経て発達していくとされている。それぞれの段階については次のように説明されている。

> 特定の対象：愛着の対象は母親だけとは限らない

第1段階	● 誕生から3か月頃まで 人をみつめたり微笑んだりする。人に関心を示す。母親（養育者）以外の多くの人に対して同じような反応をする。愛着はまだ形成されていない。
第2段階	● 3か月頃～6か月頃まで 母親（養育者）の声や顔に敏感に反応するようになるが、その不在に対して泣いたり、不安を示したりすることはまだない。
第3段階	● 6か月頃～2, 3歳頃まで 母親（養育者）に対する愛着行動がよりはっきり顕れてくる。母親（養育者）に続いて、他の家族も愛着の対象としてもつようになる。見知らぬ人に対しては、恐怖や警戒心が強くなる（『**人見知り**』）。 母親（養育者）を「**安全基地**」とした「**探索行動**」がみられるようになる。
第4段階	● 3歳頃～ 愛着の対象である母親（養育者）の動機や行動を洞察・推測できるようになる。それに合わせて自分の行動を調節しながら、協調的に愛着を満たそうとする。愛着の対象との身体的な接近を必ずしも必要としなくなる。

表3-1　ボウルヴィによる愛着の発達4段階

人見知り：一般に、生後8か月ころからみられる。スピッツは、「8か月不安」とよび、母親との「分離不安」の一つのかたちととらえた。ボウルヴィは、見知らぬこと自体がもたらす不安ととらえた。始まる時期や強さには個人差が大きいが、人見知りのピークは1歳ごろであり、徐々におさまっていく。
☞第2章／**3**感情の表出と発達（p.35）

安全基地・探索行動：健全な愛着を形成した子どもは、愛着の対象（母親・養育者）といつも接触していなくても安全を感じることができるようになり、母親・（養育者）を安全の基地として探索活動できるようになる。
☞第4章／**3**自己意識と意志力と自己尊重の気持ち（p.73）

2　愛着の発達にみられる個人差

上記のような愛着の発達は、順調なパターンであるが、実際には、大きな個人差がありさまざまなパターンがある。実験的にそれらを特定する方法としてエインズワース, M.D.S らによって開発されたストレンジ・シチュエーションという実験法がある。

ストレンジ・シチュエーション法とは、ボウルヴィのアタッチメント（愛着）の理論に基づき、乳幼児の母子間の情緒的結びつきの質を観察し測定する実験法である。

人見知りの激しい満1歳児が母親との分離と再会の場面でどのような反応をするかを観察する。実験の手順は図3-1のようなもの

図3-1　ストレンジ・シチュエーション法

① 実験者が母子を室内に案内。母親は子どもを抱いて入室。実験者は母親に子どもを降ろす位置を指示して退室。（30秒）

② 母親は椅子に座り、子どもはオモチャで遊んでいる。（3分）

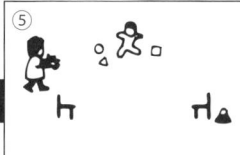

③ ストレンジャーが入室。母親とストレンジャーはそれぞれの椅子に座る（3分）

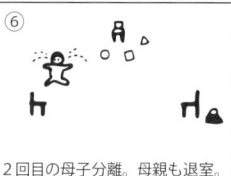

④ 1回目の母子分離。母親は退室。ストレンジャーは遊んでいる子どもにやや近づき、はたらきかける。（3分）

⑤ 1回目の母子再会。母親が入室。ストレンジャーは退出。（3分）

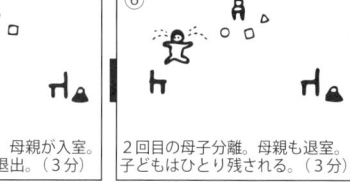

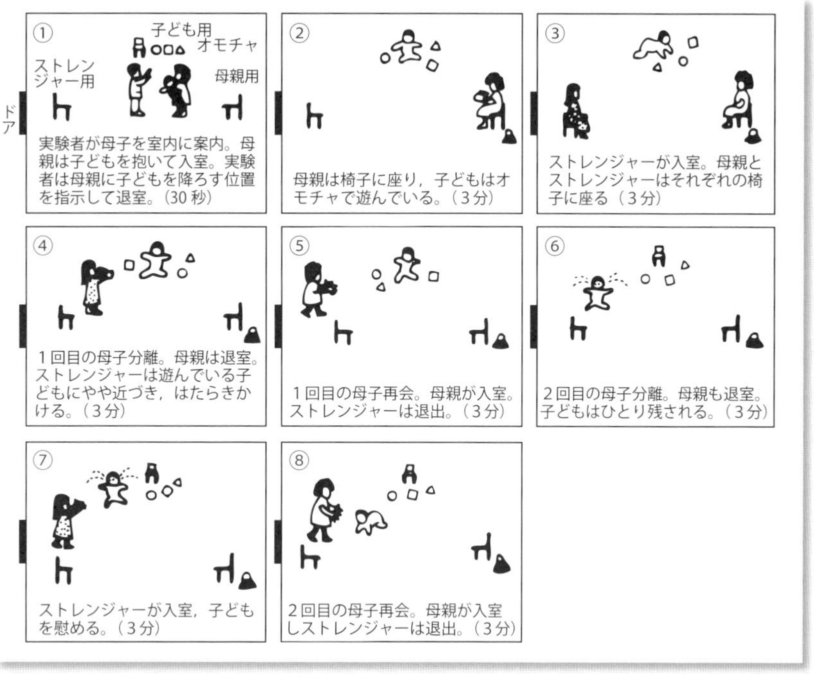

⑥ 2回目の母子分離。母親も退室。子どもはひとり残される。（3分）

⑦ ストレンジャーが入室、子どもを慰める。（3分）

⑧ 2回目の母子再会。母親が入室しストレンジャーは退出。（3分）

である。

　以上のような分離・再会の場面における乳児の反応は、表3－2のようなA群、B群、C群に分類できる。ただし、乳児の反応は文化的影響（文化差）もあるといわれ、たとえば、日本の子どもは、ドイツ・アメリカの子どもに比べてB群にみられる反応が多く、ドイツの子どもはA群の反応が多く観察されるという。また、後(のち)に、実験により、A群、B群、C群にあてはまらないD群（不安定・無秩序(むちつじょ)型）の存在が加えられた。

	分　離	再　会	母子間の情緒的結びつきの質
A群 （不安定・ 回避型）	泣かない 悲しむ様子 を示さない	母親には近づかない（避ける・無視する。近づいても、視線をそらしたり顔をそむけたりする）	母親への結びつき 薄い
B群 （安定型）	泣　く	母親を歓迎する行動を示し、身体的接触を強く求める→安心	母親への信頼感
C群 （不安定・アン ビバレント型）	激しく泣く	母親に身体的接触を求めるが、同時にたたくなど怒りの感情を示す。 なかなか泣きやまない。 母親を無視する傾向はない。	母親に十分な信頼感を持っていない

表3－2
ストレンジ・シチュエーション法─分離と再開場面における乳児（満1歳）の反応

（中島他編『心理学辞典』1999　p.476を参考として作成）

適応的な発達：愛着関係の形成の個人差には、子どもの気質（⇨コラム）の影響も考えられる。

　親子の相互作用に関しては、アタッチメント（愛着）の形成に関して多くの研究が積み上げられており、それらから次のような諸点(しょてん)が指摘されている。

　B群のような安定した愛着が形成されるためには、母親（養育者）が日常の関わりのなかで、子どもの出すサイン（シグナル）に対して敏感(びんかん)に反応しているかどうか、愛情を持って子どもを抱くなどの身体的接触やことばをかけているかどうかが大切であるといわれている。子どもは、親によって守られていると感じ信頼関係ができていると、母親（養育者）を「安全基地」としてまわりを探索していくことができる。「人見知り」をするのは、信頼関係のできていない見知らぬ人に対して不安を感じるからであろう。

　安定した愛着のなかにいる子どもはそうでない子どもと比(くら)べて、社会的・情緒的・人格的に**適応的な発達**がみられるといわれている。

> ●コラム●　気　質
>
> 　小さい頃の気質は大きくなってからの問題行動と関係があるのでしょうか。
> 　まず、気質とは何かということですが、心理学辞典では、気質について「個人の示す情動反応の特徴を気質という」「パーソナリティの基盤をなす個人の特性であると考えられている」（中島ら編、1999、p.160）と説明されています。
> 　「乳児にも、複数の行動特性において個人差がみられ」、「それが一定期間持続することがあきらか」（中島ら編、2005、p.335）になっており、「生後のさまざまな養育環境と相互作用を繰り返しながら、安定したり変化したりする可変的なものである。」（前掲書、p.335）とされています。
> 　たとえば、気難しさをもつ子どもであっても、親がそうした子どもの気質に受容的で安定した家庭環境に恵まれると大きな問題を生じることなく発達する、という縦断的研究があります。
> 　これらのテーマには、まだ定説はなく研究途上といえますが、親だけでなく、子どもの人的な環境要因として大きな役割を果たすことになる保育者としては、心に留めるべきテーマではないでしょうか。

3 仲間関係 — 社会性の発達

子どもは，家庭での親やきょうだいとのかかわりや，保育所や幼稚園，地域社会等での多様な人との**出会いや交流**の経験を重ねていく。しかし，近年の少子化の進むなかで，きょうだい関係を経験しない子どもも増えている。また，都市化により家の近所で子ども同士が自然に交流する機会もかつてに比べると少なくなっている。こうした現代の社会状況においては，保育園や幼稚園のような子どもの集団生活の場が，仲間関係の形成や発達のために従来以上に重要になったといえる。

子どもの経験する人間関係のなかでも，同年齢や異年齢の子ども同士の遊びや活動における，自然なかかわりにはとりわけ大きな意味がある。とくに，同じような発達段階にある子ども同士では，ものの所有をめぐるけんかや意見のぶつかりあいがしばしば生じる。たとえば，年少のクラスでは，玩具や絵本等の取り合いなどで叩いたり，ひっぱったりといったいざこざがよく起こる。自分の思いやイメージを言葉で十分に伝えることも，我慢したり相手の気持ちを思いやったりすることもまだ難しい段階である。そうしたいざこざの経験を重ねるうちに，3歳くらいになると自分の思いを通すばかりでなく，相手の気持ちにも気づき寄り添う心が芽生えてくる。いざこざ・**葛藤**の経験は**共感性**の芽生えを促進する好機といえる。

思いやり（向社会性）がもてるようになるためには，相手の考えや気持ちを正しく読みとる認知上の発達（「心の理論」の獲得）が必要である。「心の理論」が成立するのは，4歳前後からである。また，徐々に相手の視点に立ってものごとを見ること（**脱中心化**）ができるようになるのもこの頃からであり，思いやりのある行動（**向社会的行動**）も少しずつできるようになっていく。

仲間とのさまざまな遊びや活動を通して，きまりやそれを守ることが必要であることにも気づいていく。5，6歳頃になると，鬼ごっこ等を異年齢の集団で行うときには，年少の子どもも一緒に楽しめるようルールを工夫したり，追いかけるスピードを加減したりといった配慮した行動もできるようになる。協力したり助け合ったりして遊びながら，しだいに思いやりや**協調性**，**道徳性**を身につけていく。

自己をコントロール（**制御**）する機能には，「（遊びに）入れて」・「いや」等，自分の希望や意志をはっきり伝える**自己主張**と，自分の欲求や衝動を抑える**自己抑制**と，2つの側面がある。ともに，3歳から5歳にかけて大きな伸びが，またその後，質的変化がみられるといわれている。自己を制御する力の育つ幼児期に両側面がバランスをとって育まれていくよう，大人の配慮が望まれる。

出会いや交流：他者（人）との関わりの重要性は，乳幼児期から老年期まで，人の生涯を通してのものといえる。

心の理論：（p.47,48参照）

脱中心化：ピアジェのいう幼児の認知の限界性（「自己中心性」）から脱すること

道徳性：ピアジェの道徳判断の発達的変化に関する説や，コールバーグの道徳判断の発達段階説（3水準6段階）等がある。

遊びの経験，仲間関係☞
第4章／❸自発性の獲得といたずらやけんか（p.78）

けんか・いざこざ：かつては園児の年齢ではまだいじめはみられないといわれていたが，2000年頃より，幼稚園児にもいじめとみなされるような攻撃行動（関係性攻撃：仲間関係を操作することによって相手を攻撃すること，無視や仲間はずれ等）の事例が報告されている。（畠山・山崎 2002）

　この頃の子ども同士の**遊びの経験**，**けんか・いざこざ**を含む多様な仲間関係から身につける力は，幼児期以降，児童期青年期の対人関係，コミュニケーション・スキルの発達につながっていく。しかし，少子化・都市化による問題に加えて，TVゲーム等，遊びのスタイルにも変化がみられ，鬼ごっこのようなポピュラーな遊びでさえ，保育者が遊び方を教えることもあるという。**社会性**を発達させる機会が減少していることが危惧されている。

〈パーテンの遊びの分類 － 発達的変化〉

遊びについては，発達的な観点から諸分類がなされているが，パーテン（Parten, M.D., 1932）は，社会的交渉形態による6段階の分類をしている。

（何にも専念していない行動）

2、3歳児
↓ 傍観的行動 － 他児の遊びを見ていて，時には声をかけたりする
↓ ひとり遊び － 他児とは関わらず，自分の活動に専念している遊び
↓ 平行遊び － 他児のそばで類似した遊びをするが，互いに独立していて関わり合いや会話のやり取りはない状態の遊び

4、5歳児
↓ 連合遊び － 同じ一つの遊びをし，やりとりのある遊び
↓ 協同遊び － 共通の目標があり，ルールや役割分担がある遊び

年齢とともに，集団への参加度が高まり，子ども同士のコミュニケーションが深まっていく遊びに発達していく。遊びの広がりは人間関係の広がりといえる。

〈ひとり遊びは社会性の未熟？〉

2歳

年長児になって，友達との関わりが多くあっても，想像力豊かなひとり遊びも！

●コラム● 「自分で！」

　おやつの時間。個包装されたビスケットが配られました。土曜日の縦割り保育では，異なった年齢の子ども達が同じ保育室で過ごしていました。袋を上手に開けられる子どもも，まだ自分では難しい子どもも一緒におやつをいただきます。包装を開けられないＭちゃんに声をかけると，「Ｍちゃんが開ける！」と。なかなかできない様子なので，「一緒に開けようか？」と誘ってみますが，「いや！自分でやる！」とあくまでも自分を押し通そうとします。そのうち，思い通りにできないことに焦れたＭちゃんは泣き出してしまいました。　（保育実習記録より）

　何でも「〇ちゃんがやるの！」「自分でやる！」と，自分一人で何でもやりたいと主張したり，親や周囲に対してことごとく「いや〜！」と反抗を繰り返したりする時期があります。いわゆる「第一反抗期」とよばれる時期で，1歳半頃から3歳頃にみられます。

　反抗期は，親や周囲の大人にとっては子どもが言うことをきかず困るのですが，子どもの成長にとって，「いや！」「自分で！」という反抗・自己主張は大切な意味があります。子どもの反抗・自己主張は，子ども自身が自己の存在を認識し始めたことの表れであり，自己主張を通して自分の意志や思いが他者のそれとは違うこと，自分の思い通りになる時もならない時もあることを学んでいきます。

　こうした「反抗期」は，2歳頃がピーク，3歳頃からは少しずつ自分の意志や思いを抑えるような自己コントロールができるようになります。

反抗期☞第2章／❹自由意志と反抗（p.34）参照

●コラム● 攻撃性とメディア

　子どもの暴力等の攻撃性に，ＴＶやＴＶゲームの暴力映像が影響するのかどうかという問題については，多くの研究が重ねられてきました。その結果，暴力映像を視聴することによりカタルシス的な効果があるという主張もありますが，今日では，攻撃性を高める悪影響があるとみられています。A. バンデューラの「社会的学習理論（モデリング理論）」によれば，映像中の暴力がしばしば模倣されるといいます。

　ＴＶやＴＶゲームに適切に接触し，悪影響をうけないような，メディアリテラシー教育が必要とされているといえます。

第4章 生涯発達と初期経験の重要性

1 生涯発達と発達援助

1 人生周期（ライフサイクル）と漸成

　人生周期とは，誕生から死に至るまでの人間の一生を連続してとらえる構想である。フロイトに始まる精神分析学的発達心理学が，乳幼児期に焦点をあてた理論であるのに対し，エリクソンの人生周期という構想は，生まれてからその生涯を終わるまでの一回りの期間を連続してとらえている。

図4－1
漸成的図式

❶ 発達段階と漸成

　エリクソンは人間の生涯を8つの階層（段階）に区分し，それらの階層間には「漸成」(epigenesis) の過程が成立するという。これがエリクソンの理論の，第1番目の特徴である。図4－1はその「漸成的図式」(epigenetic diagram) の概要である。

階層	年齢	発達課題と危機	人格的活力
1	乳児期	0～1	基本的信頼 － 不信	希望
2	幼児前期	1～3	自律性 － 羞恥・疑惑	意志
3	幼児後期	3～6	自発性 － 罪悪感	目的
4	児童期	6～12	勤勉性 － 劣等感	有能感
5	青年期	12～20	自我同一性 － 同一性拡散	忠誠
6	成人前期	20～30	親密性 － 孤独	愛
7	成人中期	30～65	生殖性 － 停滞	世話
8	成人後期	65～	自我の統合性 － 絶望	知恵

漸成とは，**階層**間は順序をとばすことなく，前の階層を土台として次の階層が成立するという意味である。

❷ 発達課題と危機

発達課題（developmental task）とは，特定の発達段階にはその発達段階として特有の内容をもった課題があるという仮説のもとに設定された概念である。

エリクソンは人間の生涯を「**自我の統合**」に到達することを最終目標に発達し続ける過程としてとらえている。一人ひとりの人間は，生涯のそれぞれの段階において，発達課題とその**危機**とに直面し，それを解決していく。人間の生涯は「学ぶ」営みから切り離せないものであり，発達課題とは一人ひとりが健康なパーソナリテイを形成するために学ばなければならない課題である。この課題には，精神的健康を構成する8つの要素が含まれている。

❸ 人格的活力

人格的活力（virtue）とは，われわれがもっている「われわれを生かし，活動を意味づけ，生き生きとさせる**内的**な力，若さのようなもの」で，「自我の強さ」と密接な関連をもつものである。これはエリクソンの理論の3つ目の特徴である。

人格的活力としての希望・意志・目的・有能感・**忠誠**・愛・世話・知恵は各段階での**葛藤**が解決されていく時，**順次に形成**される。これら8つの活力は人間が社会の中で他の人たちとよりよく生きていくために必要な**最良**の倫理を意味するものである。すなわち，人格的活力とは人間が一生を通じて人格形成をする際に，中核的役割を**果**たす力である。同時に人間を歴史過程に位置づける力でもある。

❹ 同一性

エリクソン理論の4つ目の特徴は人間の生涯を「同一」と「連続」という2つの**軸**によってとらえた点である。

「同一」とは「**自我同一性**（ego identity）」というエリクソン理論の中心的概念である。自我同一性とは，一人ひとりの自分を内的に**支**え，統合する役目を果たす自分を言い表す概念で，自分が自分であるという自信のことであるともいえる。その自信は自然や社会や他者との相互的な関わりの中で，生涯を通じて確かめられるのである。

一人ひとりの人間は，それぞれの段階で発達課題と危機に直面し，それを解決し，発達課題を達成していく。そして，それぞれの段階において生じる心理学的過程には**連続性**がある。

（前頁）誕生：人間の一生の出発点を誕生ではなく，受精とする考え方もある。エリクソンの考え方は前者，この章では，後者の考え方に立っている。

階層：以下，階層を段階と表す。

発達課題：ハヴィガーストにならったものであるが，エリクソンの理論の，2つ目の特徴である。

危機：特定の要素が特定の段階において最も優勢になるということは，同時に危機をはらむことになる。それは，特定の要素を獲得すべき最適時があるからである。

自我の強さ：「自我の強さ」が精神分析学の用語で，精神分析学の考え方を基盤にしているのに対し，「人格的活力」は価値的・意味的世界を引き入れるものである。

順次に形成：漸成のことである。希望→意志→目的…という順番が変わることはない。

連続性：例えば，分離についていえば，幼児は母親と直接肌で感じとれるような分離体験をする。児童はことばのレベルで分離をとらえることができる。青年は家族からの自立という分離を体験し，自分でも新しい家庭を築き，子どもを産み育てる。成人中期になると自分の子どもとの分離体験をする。

5 相 互 性

エリクソン理論の5つ目の特徴は「**相互性**」(mutuality)である。これは世代間の交流のことである。交流を通して互いがそれぞれの発達課題を達成する。

「同一性」の「連続」という特徴は**個人内**で起こる問題であるのに対し，世代間の交流は**個人間**で起こる。

人間は，誕生後の発達の過程で，それぞれの段階で解決すべき課題と取り組み，自我の統合に到達することを目標に発達し続ける存在である。が，その発達課題は相互性の中で達成される。パーソナリティは相互性の中で漸成されるのである。

2 初 期 経 験

人間の生涯続く発達にとって**初期**経験（early experience）はどのような意味をもつのか。

1 初期経験と後期経験

初期経験とは人生初期の経験のことである。発達初期における経験は，後期経験とは異なり，**脳の発達**との関係が深い。大脳の細胞集成体や位相連鎖の形成という特殊な学習をもたらすものであり（ヘッブ，D.O.），一定の時期（臨界期）を逃すと，その学習は不可能になるという特徴をもつものである。**刻印づけ**も初期経験によるものであるが，その効果は永続的であり，いったん成立した学習は取り消すことのできない特徴（非可逆性）をもっている。

胎児の胎内での経験も，初期経験と考えられる。初期経験は後期発達の前提であり，土台でもある。人生初期の経験は，それ以後のものとは質的に異なる意味をもち，その後の発達に決定的な影響を与えるのである。

2 臨界期・敏感期

臨界期（critical period）とは，発達の過程で，ある刺激や経験が特に重要な影響を及ぼす時期で，その時期を逃すと同じ刺激や経験が何の影響も与えなくなる，そのような時期のことである。初期経験に関する研究によって指摘された。

フロイトの性格形成に関する理論においてみられる決定的な時期の考えは，発達段階がいわゆる臨界期的特性をもつ考えといえる。エリクソンの理論でも「心理社会的発達は危機的段階の解決によって前進する。"危機的（critical）"というのは，ある発達段階から次のそれへの転機の特質であり，前進か後退かを決定する瞬間の特質である」ことが指摘されている。発達課題は，発達段階という**敏感期**（sensitive period）に達成されることが望ましく，

相互性：乳児は，母親から世話を受けることにより，乳児期の発達課題である基本的信頼を獲得する。一方，母親は，乳児の世話をすることが成人中期の発達課題である「生殖性」（generativity）を達成している。すなわち，母親は赤ちゃんを育て，赤ちゃんは母親を育てているのである。

個人内・個人間：前者は一人の人間が自分にとっての1回限りの生涯を自分自身の責任で受容していく過程である。後者は，一人の人間が人生周期において他者と出会う過程である。個人の生涯はそれぞれの段階において，異なる段階にいる他者と出会い，他者と共同作業をすることである。この交流を通して世代間の交流と文化の継承が行われるのである。

初期：「初期」ということばは，発達の速い動物においては生後の数日あるいは数週間を指すのがふつうであるが，発達の遅い動物（人間も含む）においては，生後数か月間あるいは数年間を指すこともある。

脳の発達：軸策の髄消化で，信号伝達速度がより速くより確実になること，シナプスの過剰生成と刈り込みが進み，環境の多大な影響を受けることなど。(図2－12参照)

刻印づけ：「インプリンテイング」「刷り込み」ともいう。生涯の初期にあるものに対する決定的な印象づけが劇的な形で行われる現象をいう。オーストリアの動物生態学者ローレンツ,C.が孵化直後の水鳥の観察時に見つけた現象。

臨界期：人間には動物に認められるような臨界期は存在しないが，発達の過程で，発達課題を容易に達成できる時期，敏感期は認められている。

その時期を逃すと達成が困難になるのである。

❸ 生涯発達における乳幼児期の意味

　乳幼児期の発達課題と危機は,図4－1（p.61）にあるように,乳児期（基本的信頼と不信）,幼児前期（自律性と羞恥・疑惑）,幼児後期（自発性と罪悪感）である。発達課題は漸成の原理に従うため,乳児期に基本的信頼が形成されることがなければ,幼児前期の自律性は成立し得ない。自律性の確立がなければ,幼児後期の自発性の発揮も見られないことになる。そして,乳幼児期にこれらの課題が達成されなければ,児童期の勤勉性は達成されない。言うなれば,乳幼児期は人間の一生の土台となる非常に重要な時期である。

　保育に関わる者にとって,乳幼児期の子どもの姿一つ一つがその後の成長,発達にどのような意味をもっているかを確認することが必要である。

3　発達援助

❶ 発達課題の達成

　発達課題はそれぞれの発達段階において達成されなければならない。各段階での発達課題を果たすことは教育目標であり,個人が幸福な人生を送るための条件でもある。特に乳幼児期の発達は一生の土台となるものである。

　したがって,最も大切な発達援助は,それぞれの発達段階で発達課題の達成を怠らないことである。乳幼児期の発達課題が達成されていない場合は,その段階に戻って達成をはかることである。例えば,幼児後期の子どもに基本的信頼という乳児期の課題が達成されていなかった場合には,乳児期の課題を達成させることから再出発することが必要になる。

　発達課題に応じた援助と関わりをすることが必要なことは言うまでもない。

❷ 発達の最近接領域の教育

　子どもが問題を解く時に,子どもが自力で解くことができる水準と,大人の援助を得て解くことができる水準には差がある。この水準の差をヴィゴツキー,L.S.は「発達の最近接領域」と呼び,発達の最近接領域の教育は発達を促進するという。子どもは発達の最近接領域で大人に導かれる経験を通して,次の水準へと自分の認識を発展させるのである。

　発達援助とはまさに,発達の最近接領域の教育である。保育者の言葉がけ,働きかけは「発達の最近接領域」でなされることが望ましい。ヴィゴツキーの考え方は,模倣や共同学習の教育的意義を重視するものである。子どもは保育者やまわりの子どもたちの模倣をし,やり方や考え方を見て学び,できないことができるようになっていくということである。

ヴィゴツキーは遊びについて,「遊びは発達の源泉であり,発達の最近接領域をつくり出し,子どもを発達の高い水準に引き上げる」と述べている。

3 家庭・地域社会・小学校との協働

幼稚園や保育園が家庭や地域,小学校と互いの立場を尊重しながら協働することは子どもの発達援助には大きな力となる。

指導計画を作成する際,また,保育を実施する際には幼児の生活の場でもある家庭や地域を視野に入れて充実したものとすることが望ましい。例えば,保護者や地域の人が園での子どもの保育を参観したり,保育に参加したりする機会を設ける。また,保護者や地域の人の協力を得て,近隣の自然で生活体験をさせて子どもに自立心を育てる。地域で小学生から高齢者までさまざまな年齢の人たちが交流できる機会を設け人と関わる力を育てるなど。

幼稚園や保育園の子どもと小学校の子どもの発達は連続している。したがって,幼稚園や保育園から小学校への移行を円滑にするための支援や交流を,園と小学校が連携して行うことなどが必要である。園と小学校の総合的な指導の流れをつくり,小学校と合同の研究会,参観や幼児と児童が行事などで交流,日常的に遊びや生活をともにして,幼児の小学校生活への期待を育てるなどである。

● コラム ●　遊びの機能

遊びは,ビューラー,K.の述べているように機能的快楽(functional pleasure)をともなう活動です。子どもは楽しいから自発的に遊ぶのですが,その結果,表にあるようにさまざまな機能が発達し,多くの成果が得られるのです。

また,子どもの自発的な働きかけに対して,環境からさまざまな反応が返ってきますが,これによって子どもは「自分でまわりを変えることができる」という自己効力感をいだくことができます。これは,自発性(積極性)の原動力になるのです。

身体発達	遊びは身体的発達に支えられて生じる。そして,遊ぶことで身体・運動機能はさらに発達する。
精神発達	遊ぶことで次のような精神的発達をする。 ①知性の発達 　比較,判断,類推,言語,想像力,創造力など ②感情の発達 　自由な感情表現,他者の感情の理解 ③自己意識の発達 　意志,羞恥,目的,有能感,自己評価,欲求不満耐性など ④社会性・道徳性の発達 　競争,協力,自己主張,自己抑制,譲り合い　助け合い,連帯感,善悪,正義感,思いやりなど
治療的機能	抑圧されていた情動などを開放して精神的健康を回復できる。

> ●コラム● 遊びの治療的機能
>
> 　子どもの欲求が満足されなかったり，葛藤が解決されないで行動ができなかったりするとさまざまなこころの問題が生じます。遊びはこうしたこころの問題（ゆがみ）を改善（軽減）する治療的機能をもっています。
>
> | | |
> |---|---|
> | 水遊び | 単純でもっともやさしい遊びで，乳児も好む。感覚的な快感をもたらし，欲求不満などによるストレスを解消する。 |
> | 砂場遊び | 全身で自分を表現することができる遊びで，子どもは大好きである。グループで山や川，トンネルを掘ってダイナミックに遊ぶこともでき，人間関係も育てる。 |
> | 粘土遊び | 粘土は扱いやすく，変形も容易にできるので，子どもに有能感や自信を高め，積極性を育てる。粘土遊びで，たたく，ちぎる，という作業は罪悪感を感じることなく，攻撃性を表現することもできる。 |
> | 指絵遊び（フィンガー・ペインティング） | 子どもは指で好きな色を使い，好きなものを描き，自分の欲求や感情や考えを表現し，視覚的・触覚的・運動的満足を得る。日常生活では大人から禁じられることもある汚すことの喜びで不満・敵意・葛藤を解消し，緊張を和らげ，自発性を伸ばす。引っ込み思案の子どもも快活になり，積極的に行動するようになる。 |
> | 積み木遊び | 積み木は感覚運動能力の向上，対人関係や社会性を育むために用いられている。遊戯療法の道具としてよく用いられ，社会性の育成や攻撃性の解放などに効果がある。引っ込み思案の子どもを集団遊びに導く際に，積み木遊びは有効である。一人遊びから平行遊びを経て，集団遊びに導きやすい。 |
> | 人形遊び | 子どもは自分の不安や恐怖を人形に投影し，人形遊びでは安心して人形で欲求や空想したことを表現する。そして，自分の気持ちや感情などに気づき，問題のある子どもでも無意識のうちに解決の方向に向かう。 |
> | ごっこ遊び | 子どもはごっこ遊びを通して，感情や欲求，葛藤を表現する。子ども自身も，保育者も，子どもの理解をすることができ，ごっこ遊びをするうちに，こころの問題の解決につながることがある。 |

2　胎児期および新生児期の発達

1　胎児期の発達と誕生

　「固体発生は系統発生を繰り返す」（ヘッケル,E.H.）というが，一個の受精卵として出発し，3000g大のヒトの子として誕生するまでの280日間は，脊椎動物5億年の系統発生をなぞる旅である。そして，胎児が狭い産道を通って産声をあげるまでの数時間，さらに，新生児として子宮外生活への適応を遂げるまでの1週間は，激動と感動の日々である。

❶　妊娠の過程と器官の形成（図4－2）

　受精卵は細胞分裂をしながら子宮へ運ばれ，排卵から約7日後に子宮の内膜に着床する。着床した受精卵の胎芽胚葉は，外胚葉，中胚葉，内胚葉に分化し，そこから，さまざまな臓器が形成されていく。妊娠2か月から3か月にかけて，目，耳，口，手，足などになる各部分の元（原基）から，**器官**が

器官：この時期を器官形成期と呼ぶが，環境の影響を受けやすい発生上重要な時期である。

日齢	体	長さ(mm)	脳	事項	週齢	体	身長(mm)	体重(g)	脳	事項
4				特別な方法で性別がわかる	8		40	5		
18		1			10		70～90	30		胎児の個人差があらわれる 指しゃぶりあり
22		2		神経系の基礎 心臓動き始める 消化器のもと，腎臓のもと	12		140～170	120	100日	
26		4	25日	目・耳・鼻・肝臓などが形成される	16		250	280		指紋できる 自発的運動・眼球運動がみられる
32		7	36日	体の運動を始める 心臓4室に	20		300	600	5か月	睡眠と覚醒のパターン 音に反応
38		11		心電図，脳波計使える	24		320	800		光に反応
43		17	40日		28		385	1100	7か月	未熟児として生まれても生存可
47		23		刺激への反応あらわれる	32		435	1600		
51		28	50日		36		475	2600		
					38		500	3200	9か月	

できる。

　妊娠 3 か月頃に顔が人間らしくなり，ヒトの子とわかるようになる。この頃から出生までを**胎児期**と呼ぶ。妊娠 4 か月の終わり頃には胎盤が完成し，妊娠は安定した段階に入る。胎児は休みなく成長を続け，妊娠 10 か月の終わり，40 週で出産を迎えることになる。これが満期産である。

図4－2
妊娠の過程

胎児期：それ以前の他の種の仔と区別のつかない段階を胎芽期と呼ぶ。

2　神経系の発育

　ヒトは脳の進化において飛躍的に**大脳化**が進行した，学習能力の高い動物である。

　受精後 18 日頃に脳の原基が出現するが，胚子（胎芽）はまだ全長 1 mm 程度に過ぎない。この時期に細胞分裂は進み，胚子表面の特定部分の細胞が脳や脊髄の原基となる。これらの原基は，神経管を形成していく。23 日目頃，脳の形ができ始め，40 日目頃には将来大脳になる部分，中脳になる部分，および延髄，小脳になる部分が明らかになる。

　50 日目になると大脳半球が出現し，その後，大脳半球が急速に大きくなってヒトの脳らしくなる。7 か月目になると大脳皮質の特徴である皺あるいは大脳溝が出現する。9 か月目には正常な大人の脳と同様の外観となる（図 4－2）。

　胎生期に脳の重量は急速に増加し，出生直後の新生児の脳重量は約 400 g となる。

大脳化：脳全体に占める大脳の割合が進化的に増すことをいう。

3 免疫系の発育

　免疫系の役割は，異物を排除し生体を防御することにある。免疫機能のうち，異物であれば排除する働きを非特異性免疫，特定の抗原を排除する働きを特異性免疫という。

　白血球のうちリンパ球は特異な防御に関与しており，B細胞（骨髄由来細胞）は抗体を産出し，T細胞（胸腺由来細胞）はそれをコントロールする。**胸腺**の原形は受精後4週目頃に出現する。

　胸腺は胎児期に次第に重量を増して出生時に急増し，その後も重量を増して思春期に最大になった後，加齢とともに縮小していく。免疫系の機能は出生時にはまだ完成していない。

> 胸腺：リンパ球を教育して免疫系の指揮官に育て上げる教師のような器官であることが判明している

4 感覚・知覚の発達

1 視　覚

　胎児の視覚の発達は他の感覚よりも遅い。子宮内は目でものを見るには適さないところであるが，胎児は全く目が見えないわけではない。胎生4か月で光に非常に敏感になる。

　新生児の視覚は，未発達ではあるが，15～30cm離れたところからなら，母親の表情の変化を見分けられると考えられている。

2 聴　覚

　胎生6か月になると，聴覚が働き，胎児は音を聞いている。母親の心臓の鼓動で安定し，また，この音を覚えている。泣いている新生児に胎内で聞いている血流音を録音して聞かせると，泣きやむ。

3 嗅　覚

　子宮内は羊水で満ちているので，嗅覚の有無は確認しにくいが，新生児は母親の臭いを識別する能力をもち，母親の臭いをしみこませた布に顔を向ける。

4 味　覚

　胎児は味覚をもっていると考えられている。羊水にサッカリンを加えると胎児がよく飲み，いやな味のする液を加えると，飲む回数が減るだけでなく，顔をしかめるという。新生児は甘いものを好む。

5 触　覚

　胎生5～6か月で，触覚は1歳児なみに発達していると考えられている。

> 感覚・知覚の発達☞第2章／4感覚・知覚と認知の発達（p.42）参照

5 胎児期記憶

　胎児期の記憶は本人が後に想起できる記憶ではないが，その痕跡をとどめていると考えられている。胎児が子宮内で聞いていた音を記憶していることから，「胎教」の可能性が，また，五感がすでに開かれている胎児の胎内で

の経験は学習であると考えられる。

2 新生児期の反射と行動

新生児の動きは特定の外的刺激に対する新生児**反射**と自発行動に大別できる。

反射：大脳皮質や意志とは関係のない行動で，反応と区別する。

❶ 新生児反射

① 口唇探索反射
口唇，あるいはその近くに指か乳首が触れると，それを求めるかのように首を回し，口唇を突き出すようにする反射であり，効果的に母親の乳房に吸いつけることになる。

② 吸啜（乳）反射
口唇に何かが触れるとそれを舌で包んで吸い込むような吸飲運動をリズミカルにするもので，母乳を吸うという機能をもっていると考えられる。

③ 模倣反射
新生児の目の前で舌を出して見せるとしばらくもぞもぞしているが，目の前の大人の模倣をして舌を出す。

④ 追視反射
新生児の眼前に簡単な模様を記した図をゆっくり動かすと，それを目で追う。模様は人間の顔に近いほど反射が起きやすいとされている。

⑤ バビンスキー反射
新生児の足裏の外縁をこすると，足の親指がそり，他の指が開く。

バビンスキー反射

⑥ モロー反射
新生児を抱き，頭を支えている手を少し後ろに下げると，両手を大きく広げて，抱いている人に抱きつくような動作をする。

⑦ 把握反射
新生児の手掌に軽い刺激を与えると，ものを掴むような行動をするもので，自分の体重を支えることも可能である。

⑧ 歩行反射（原始歩行）
新生児の両腋を手で支え，床に足を触れさせると，リズミカルな動作が出現する。後の歩行の基礎と考えられる。

モロー反射：抱きつき反射，驚愕反射ともいう。

❷ 自発行動

全身の動きや，四肢の屈曲や伸展運動，泣くこと，レム睡眠時の**自発的微笑**（生理的微笑），しかめ面などの表情，口唇の動きなど変化に富んだ行動

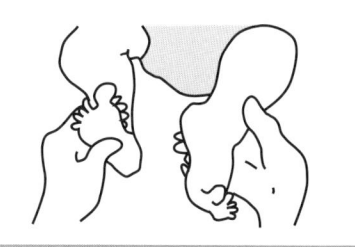

自発的微笑☞第2章／❸感情表出と発達（p.35），第3章／①新生児の微笑み（p.53）参照

がみられる。

❸ 母子の関係

誕生した赤ちゃんにとってきわめて大切な役割をするのが，母親との関係である。新生児は潜在能力をもっていても，一人では生きていけない存在であり，全面的な庇護と養育が必要である。親の側も全面的な養護を必要とする新生児に愛情を注ぎ，母子の絆が形成される。これは子どもにとっては初めての人間関係である。

> 母子の関係：母に代わる「養育者」との関係でも子どもは健康に育つ。

3 胎児期・新生児期の環境と健康および障害

❶ 発育に必要な酸素，栄養，ホルモン

胎児が順調に発育・発達するためには，絶えず酸素や栄養が補給され，適時に適量のホルモン分泌がなければならない。酸素や栄養は胎児の発達に必要不可欠である。

妊娠中の**体重増加**は8〜12kgが適性レベルである。過剰な栄養摂取は問題だが，不足しがちな鉄分やカルシウムは摂取するように留意しなくてはならない。

> 体重増加：胎児や胎盤などが7kg，母体のエネルギー源として1〜5kg程度。

❷ 順調な発育を妨げる因子

順調な胎児の発育を妨げ，先天異常などを生じる危険性のある因子には，酸素や栄養の不足のほか，以下の因子がある。

① 感染

母体がある種のウイルスや細菌などに感染していると胎児が子宮や産道で感染して，**先天異常**を起こす場合がある。

② 放射線

胎児は放射線感受性が強く，原爆小頭症，小眼球，知的障害，白血病他の小児癌などが発生することがある。

③ 化学物質

アルコール，一酸化炭素，煙草，鉛，麻薬，メチル水銀などの化学物質には催奇性がある。アルコール中毒からは胎児性アルコール中毒（小頭症，知能障害），一酸化炭素中毒による脳障害，喫煙からは低体重児，鉛中毒による神経障害，麻薬中毒から先天性麻薬中毒，メチル水銀による重症の中枢神経障害（胎児性水俣病），が発生している。

④ ストレス

母胎が強いストレスにさらされると，内分泌の変動などによって，胎児の脳の，**性分化**の過程が撹乱された可能性を示す研究もある。性の分化は性染色体上の遺伝子によるものであるが，それがすべての過程ではない。

> 先天異常：妊娠初期に風疹ウイルスに感染すると，先天性風疹症候群（白内障，難聴，心奇形）を起こすことがある。サイトメガロウイルスに感染すると知的障害。トキソプラズマ（原虫）では，流・死産や水頭症など。

> 性分化：生殖器の性（生物学的な性別：sex）と，性の自己意識（性自認：gender identity）が一致しない場合もある。

4 胎児期・新生児期の発達援助

❶ 母　乳
母乳，とくに初乳には免疫抗体があり，赤ちゃんを病気から守ってくれる。赤ちゃんには母乳が栄養的にも消化吸収という点からも最も適している。

❷ 障害の予防
妊娠した女性は，生まれてくる子どもへの配慮として，母体の健康管理をし，流産や早産の要因を遠ざけることが賢明である。

❸ アレルギーの予防
アレルギーは現代社会の大きな問題である。アレルギーの原因はいろいろ考えられているが，妊娠中の母親の食事や，離乳の時期も関係があると考えられる。また，体内外の**清潔すぎる環境**と，免疫力の低下，アレルギーとの間には関係があるようだ。

> 清潔すぎる環境：寄生虫のいる発展途上国の子どもたちにはアレルギーは見られない。（藤田，1999）
> ☞「歩行やことば，基本的生活習慣は，免疫力や大脳の発達などと密接な関係がある。」(p.77) 参照

3 乳幼児期の発達

1 乳　児　期

❶ 基本的信頼とは何か
人間の赤ちゃんは，生まれてからも胎内にいた時と同じような生活条件を整えてくれる大人の世話がなければ生きていけない。

大人に頼らざるを得ない赤ちゃんが人生の最初に学ぶことは「取り入れる」ことである。赤ちゃんはまず，口からお乳を取り入れる。お乳を飲んでいる時，その目は母親の目に釘づけである。空を見ていることはない。小さな手は乳房に触れている。もちろん身体は母親の腕と膝にしっかり抱かれている。このように口，目，手，身体全体からお乳はもとより，得られる刺激のすべてを取り入れている。

乳児が「取り入れたい」ものを母親が与え，母親から「与えられるもの」が乳児の取り入れたいものである時，乳児は母親との一体感を増す。乳を与え，食物を与え，微笑みがけ，話しかけ，胸に抱き温かく包んでくれる母親の姿を通して，乳児は母親を信頼し，自分の置かれた世界を信頼し，与えられるものを不安なく取り入れる自分を信頼するようになる。そして，乳児は，自分は何でもできるという全能感（万能感）にひたるのである。この乳児期の安心できる温かい触れ合いや全能感がその人の，こころの発達の土台となるのである。

❷ 不信とは身体的・心理的安らぎが得られない不安や恐怖の感覚

しかし，母親をはじめとする養育者が乳児の欲求を的確に読み取ることができず，その欲求に応じることができない場合がある。求めても必ずしも得られないと感じてしまうと，乳児とて無駄に求めることはしなくなる。そうした時，乳児は自分の欲求を満足してくれない環境へ不信の感覚を抱く。求めようという気持ちは萎えてしまう。

乳児の欲求に応えているつもりでいても，母親の気持ちが不安定であったり，家の中がざわざわして落ち着かない場合も，不信の感覚を抱く。身体的・心理的安らぎが得られない不安や恐怖の感覚から不信感が生まれるのである。

❸ 希望とは「求めたものは必ず得られる」という確固たる信念である

乳児期に獲得されるべき人格的活力は「希望」である。希望とは漸成される人格的活力の土台で生涯にわたってその生を支える力であり，「求めれば求めたものは必ず得られる」という確固たる信念をもたらす力である。母親と乳児の間に相互にくつろげる関係が結ばれ，その経験によって乳児に基本的信頼が確立されることが「希望」を獲得するための基盤となる。

「希望」は乳児が歩みだす，見知らぬ世界への不安や恐怖を克服する力であり，ひいては人間への愛情，人生への永続的な希望をもたらす力である。

希望がしっかりと獲得されれば生涯にわたってさまざまな人間関係の中で出会う信頼と不信との葛藤から立ち直る力をもたらす。また，失敗しても失望しても，それを乗り越えて新たに次の結果を目指し，努力することを促す力ともなるのである。そして，乳児にとって希望をもつとは，こころもからだも伸び伸びとしていることである。そういう乳児はよく泣く。

「希望」の反対の概念は何か。それは「不安」や「恐怖」である。不安や恐怖が強ければ，乳児は明るく伸び伸びした気持ちでいることはできない。希望は育てられないのである。そういう状況におかれると，欲求の表現の少ない，感情表現の乏しい無気力な乳児になってしまう。

赤ちゃんはなぜ泣くか？それは，希望をもっているからである。泣いても，誰も何もしてくれないということを多く経験すると，赤ちゃんとて泣かなくなってしまう。

泣く：最近「泣かない赤ちゃん」の存在が危惧されている。

2　幼児前期

❶ 自律性とは何か

幼児前期（1〜3歳）には筋肉組織の発達により，それまでのつかむことによるものの占有の次元に，落とすこと，投げることの次元が加わる。

発達した筋肉組織をどのように使用して何をするかを決めるのは行動の主

体である幼児自身である。そこには自己制御（セルフ・コントロール，self-control）が求められるが，それを**自律**（autonomy）という。

この時期には人生初期の「三大事件」と呼ばれることもある「離乳」「直立歩行」「発語」という現象が見られる。生えた歯，発達した骨格や筋肉を一度使うと，もっと使いたいという欲求が出てくる。歩けるようになり，話せるようになった幼児にとっては，歩くこと，話すこと自体が楽しくて，それ自体が目的である。楽しいからやってみるのだが，やってみることにより発達が促進される。それを**機能的快楽**（functional pleasure）という。歩き始めの頃の幼児は，同じところを行ったり来たりの行動を嬉しそうに何度も何度も繰り返す。そうして，上手に歩けるようになる。生活の**自立**が始まるのである。

自律：自分で判断して行動すること。他律（heteronomy）の反対語。

機能的快楽：ビューラー，k. による。☞コラム「遊びの機能」（p.65）参照

自立：依存（dependency）の反対語。

2　成人の偏執病的な恐怖につながることもある羞恥・疑惑

しかし，自律ということ，例えば，自分でからだをコントロールして初めて一人で立つことには，自負心や誇らしさ，賞賛されたい願望という一面と，反対に孤立，観衆の目にさらされるというぞっとするような恐怖，倒れることの不安などが含まれている。

そして，こうした恐怖や不安を乗り越えないと，一人で立ってみようという気持ちは出てこない。自律のためには，恐怖や不安を乗り越えるための「こころの安定」が必要である。「**甘え**」の保障である。

乳児期に発達課題と危機の統合に失敗している場合には自律を育てることは難しい。乳児期に十分な世話と愛情を受けないで育った子どもに自律性の欠落した子どもが多いのはそのためである。これは深刻な問題と受け止めなければならない。自律は身体の自律に始まるが，その後の生活のすべてに関わる重要なことであるからだ。

この時期には排泄の訓練など基本的生活習慣を身につけさせるための「しつけ」を始めるが，しつけの仕方には十分な配慮が必要である。一生懸命に自律の努力をしている子どもが失敗したときに笑ったり，厳しく叱ったりすると，子どもは恥ずかしいという体験をし，自分から表現しない子どもになったり，自分の行動に**疑惑**をもつ子どもになることがあるからである。

疑惑とは自分のしたことを自分は本当に求めたのであろうか。自分の求めたことを自分は本当に行ったのであろうかというディレンマである。そして，羞恥や疑惑は，青年期の偏執病的な恐怖につながることもある。

甘え：歩き始めた頃「だっこ」を求めることなど。
●自律と甘えの二面性は模倣と独創，秩序と破壊，拒否と従順などとともに保持と排泄の公式に含められる。この段階の子どもには自律・自立と甘えという極端から極端へと激しく変化する傾向が認められる。

疑惑：羞恥と疑惑の関係は目に見える正面と目に見えない背面の関係である。

3　自己意識と意志力と自己尊重の気持ち

1歳過ぎになると，立って二本足で歩けるようになり，ことばを話すことができるようになる。その時，子どもは自分の存在に気付く。これが自己意

識である。

　歩行によって行動範囲は拡大する。行きたいところに行くことができる。好奇心も旺盛になり，探索行動が活発になる。ことばを用いて自分の**意志**するところも表現できる。幼児にとって，こうした経験は生まれて初めてのことである。他の人とは異なる「自分」がいて，自分のしたいことができる。こうしたことが嬉しくてしようがない。また，誇らしい。それで，「自分」を何度も何度も繰り返し表現する。この時期に自己尊重の気持ちが生まれる。自尊心である。

　ところが，幼児の心身の能力は未だ十分に発達しているわけではないので，足を踏み外したり，言いたいことを表現できないようなこともある。そんな時，幼児自身も自分にもどかしさを感じる。そうしたことを大人から笑われたり，叱られたりすると幼児の自尊心は痛く傷ついてしまう。

　幼児期の子どもが意志するところを表現し，探索活動ができるようになるためには，十分に安心できる「**基地**」と，行ったことを認め勇気づけることが必要である。

> 意志：意志とは意図と制御を含む。

> 基地☞第3章／①愛着の発達（p.54）参照

③　幼　児　後　期

❶　自発性（積極性）とは何か

　幼児後期は，およそ3歳から6歳の期間に相当する。3歳を過ぎる頃になると感覚運動機能はもう一人前に発達し，自分の力で自由に歩いたり走ったり上ったりできるようになる。転びそうになってもうまくバランスをとって自分の身体を立て直すことができる。自分の身体機能への自信は積極的に取り組もうとする気持ちを起こさせる。幼児前期から後期にかけて**ことば**は著しい発達を示す。

　幼児前期に子どもは自分が作り出した表象やイメージに応じて遊ぶことができるようになる。手足を使って遊ばなくても頭の中でいろいろなことを想像したり考えたりすることができる。ことばという記号（象徴）を用いてそのものを表すこともできる。ピアジェはこの時期の子どもの考え方を「**表象的思考**」と呼んだ。あるものを別のものによって表すという表象（象徴）機能の獲得によって子どもの内面的な世界は一挙に大きく豊かなものへと拡大されていく。遊びも象徴遊び（**ごっこ遊び**）へと発展していく。

　自分についてのイメージ（自己像）をふくらませ，自分は何でもできると考える。大人のすることは何でもしたがる。ウルトラマンのように空を飛ぶこともできると空想する。そして，自分の空想的想像的な能力に裏切られることを通して自分の力の限界を知っていくのである。自分の力の限界を知った子どもは自分に可能なことを現実的に追求することに目を向けていく。

　エリクソンは幼児後期を「遊びの時代」ととらえている。子どもは，あた

> ことば☞第2章／❺ことばの発達（p.48）参照

> 表象的思考☞第2章／②思考の発達（p.45）参照

かも大人が仕事をする時のように，真面目に遊びに取り組む。遊ぶことは，子どもに，想像力や思考力など内面の豊かさをもたらすだけでなく，集中的に取り組むこと，気まぐれでは長続きしないこと，やり遂げることの喜び，共同することの喜びを与える。

> 遊びはさまざまな観点から分類されているが，ビューラー，Ch. は興味という観点から遊びの分類をしている。
>
> | | |
> |---|---|
> | 機能遊び | 身体的機能を用いる遊びであり，乳児期から見られる。用いられる機能により次の2種に分類される。
①感覚遊び
　聞く，見る，触る，なめるなど感覚を用いる遊び
②運動遊び
　落とす，破る，ブランコに乗るなど運動機能を用いる遊び |
> | 想像遊び | 象徴機能の発達によって可能になる遊び。ままごとや見立て遊びなど，外界の事象の模倣をすることに楽しみを感じる遊び。象徴遊び・虚構遊び，ごっこ遊びともいう。 |
> | 受容遊び | 絵本を読んでもらう，童話をきく，テレビを見るなど鑑賞することが楽しさを感じる遊び。 |
> | 構成遊び | 砂遊び，粘土遊び，ブロック遊び，お絵描きなど自分のイメージしたものをつくる遊び。 |

❷ 罪悪感

　それぞれの文化は子どもが触れてはいけない領域をもっている。積極性の発揮がそれらの価値や基準に触れる時には禁止され，罰を与えられることとなる。

　幼児は両親が自分に何を期待しているのか，何を禁止するのか，自分がどうあれば喜び，どうあれば悲しむのかを敏感に感じ取っていて，それに自分を合わせていこうとする。やがて，両親の声とイメージが自分の中に「内在化」されて，両親が傍にいなくても自分の行動を統制する内的基準として働くようになる。これが道徳的規制として，あるいは良心として，子どもの自我に組み込まれていく。

　子どもが内在化してきた内的基準は社会的に認められないような欲求をもつことや行動化することを抑え止まらせる。欲求や行動が表出される前にそれらに罪悪感を抱き，逸脱しそうになる自分自身を統制していくのである。

　両親は子どもにとって倫理的モデルであり，同一視の対象である。幼児が積極性対罪悪感という危機を肯定的に解決するか否かは，両親の幼児の行動に与える評価や制限と深く結びついている。幼児には圧倒的な罪悪感を抱かせないようにしなくてはならない。また，他の幼児と比較して「否定的な自己像」が強く意識されるような叱り方も避けるべきである。できないことを批判するのではなく，なぜできないのか，どうすればできるようになるのかを一緒に考え，そして，子どもが「肯定的な自己像」をつくり上げるように，勇気づけることである。

❸ 「目的」とは自分の行動について予測性をもつこと

この時期には，移動能力の増大と認知能力の発達によって，身体的にも認知的にも自己を統制する能力が育って，我慢すること，約束ごとやルールを守ることもできるようになる。集団生活の中での仲間同士の関わりも協同遊びの内容も複雑になる。これはよいとか悪いなどと，道徳行動のごく基礎的なことを身に付けて行くのがこの段階の発達課題である。自発性が身に付き，行動範囲も広がり，自他の区別も付いてくるので，他者のものをとることは悪いことである，お店にあるものを黙ってもって来てはいけないと，善悪の判断が付くように配慮しなければならない。

幼児は，他の幼児との関わりの中で「自分はどんなことをしようとしているのか」を予測し「自分の力で，どの程度のことをやり遂げられるか」と，自分の行動の結果を予測できるようになる。自分の力について幼児は幼児なりに考えるのである。この自分の行動についての予測性をもつことがエリクソンのいう「目的」である。それは，目的意識をもって自分の目的的行動を達成していこうとする力である。その目的達成のために自己の活動を方向付け，集中させていく力である。目的とは目指す方向性をもつ強さであり，こころに思い描く空想や自分が素晴らしいと思う目的や目標を達成可能なものにしていく力である。自分の能力の及ぶ範囲でできることとできないことを区別して，できることを実際に追求していく勇気でもある。

4 乳幼児期の発達援助

❶ 基本的信頼の獲得

乳児期には，授乳や睡眠が適切に与えられ，身体の心地よい感覚が保たれ，安定した養育環境の下で，情緒的な相互作用を通して愛情－愛着（attachment）関係が形成されることが必要不可欠である。

> 大人：大人の教育ということである。

この時期の発達援助は乳児に対してよりも**大人**に対して行われるべきである。大人が，乳児の求めるものを正しく把握し，それを与えることが乳児の基本的信頼の確立に結び付くのだということを認識し，行動することが重要である。それが，乳児のこころの安定につながり，大人は乳児の愛着の対象となる。そして，愛着の対象は乳児の「**安全基地**」となる。この基地を拠点として乳児は外界への探索活動を始めるのである。

> 安全基地☞第3章／①愛着の発達（p.54）参照

❷ 基本的生活習慣の獲得

基本的生活習慣の形成においては幼児自身が行為として行えるようになる以前に，周りからの働きかけにより，その基礎となる体験を積み重ねている。

おむつが濡れると乳児は，泣いたり不機嫌になったりするが，そこで，清潔なおむつに交換してやると，機嫌が直り，遊び始めたりする。この状況は

乳児が濡れたおむつを「気持ち悪い」「冷たい」など不快に感じ，おむつ交換をしてもらうことにより「気持ちよくなった」と感じることができた，ととらえることができる。

そうした体験が生命を維持し，その後に身に付けていくべき力の基礎を学習させているのである。発達の基礎の段階ではすべての生活は大人の手を借りながらなされ，徐々に自立へと向かうのであるが，その基本に，「気持ちいい」体験を通して望ましい習慣を身に付けることへの志向性が芽生えるようにしていきたいものである。

基本的生活習慣を身に付ける際に大切にするべきは，まずは子どもの発達の状態が，それぞれの基本的生活習慣を身に付け，自立できる段階になっているかどうかということを見極めることである。そして子どもがそれをするのに十分な発達段階を迎えた時に，子ども自身が「したい」「できるようになりたい」と思うような関わりをもつことが大切である。子どもは自我が芽生える頃からさまざまなことを「自分でやりたい」という気持ちを強くもつようになる。その時にそれができる環境を用意することこそが大人のなすべきことである。

基本的生活習慣の自立を果たしていく過程で，幼児は自信と，新たなことに挑戦する意欲を育んでいく。大人は幼児のやってみたいという意欲を励まし，できるようになっていくことを共に喜びながら，幼児が自信をもって新たなことにチャレンジし続けるように後押しすることが大切である。

	歩行やことば，基本的生活習慣は免疫力や大脳の発達などと密接な関係がある。
歩 行	足は第2の心臓である。歩くことで足首の筋肉が血液を心臓に戻す役割をしている。歩くと血液の循環がよくなるのである。子どものからだを巡っている血液の50％が大脳を巡っている。大脳に新鮮な血液を送るには子どもの足腰や腕の筋肉をたくましく鍛えることが必要である。ところが，立つことは重力に反することである。地球の重力に抗して2本足で歩くことは，特に免疫系に大きな負担を与える。
ことば	乳児は口呼吸ができない。口呼吸は発語によって始まる。この口呼吸は扁桃に負担をかけ，免疫力を弱める。
食 事	食べること，これは，人間の根源的な喜びで，同時に命の源である。さて，食べものをよく噛めば唾液もよく出る。唾液自体にも消化酵素が含まれており，唾液が多く分泌されれば，口内の清潔にも効果的である。さらに噛むことで脳の血流が活発となり，神経伝達の速度が速くなり，頭の働きがよくなる。また，噛めば歯並びもよくなる。あごの力が強くなり，歯茎が発達する。
睡眠・生活リズム	幼児の起床と就寝の時刻が年々遅くなっている。昔から早寝早起きが大切といわれているが，睡眠は幼児にとって身体の疲れをとり，細胞分裂や新陳代謝のために必要であるばかりでなく，成長ホルモンや生命維持に不可欠な代謝に関係する副腎皮質ホルモン分泌にも深く関係する。成長ホルモンのパターンが成人と同じになるのは4～5歳であるといわれている。「睡眠のリズム」をその頃までにつけることが何よりも大切である。生活時間がずれると，自律神経のバランスが崩れてしまう。それが，乳児の心身に及ぼす影響ははかりしれないほど大きい。
排 泄	排泄とは肛門の括約筋を緩めたり，縮めたりすることであるが，これは，感覚運動的知能の発現である。子どもは自分の排泄物に本能的に興味をもつものであるが，幼いうちに大人が嫌悪感を与えては忌み嫌うようになる。そうではなく，排便は快いものであること，生理現象として大切なものであることを体験的に理解させることが大切である。
清潔すぎる環境	ヒトの皮膚の表面にはバイキンから皮膚を守る皮膚常在菌が内在しているが，逆性石けんや薬用石けんはそうした菌まで殺してしまう。また，腸には腸内細菌がいる。腸内細菌の好物は野菜であるので，野菜を食べると，腸内細菌が増え，丈夫なからだができる。寄生虫のいる発展途上国の子ども達にはアレルギーがない。清潔すぎる環境は免疫力を弱くし，それが，アレルギーの蔓延と関係しているようである。

3 自発性の獲得といたずらやけんか

　エリクソンは幼児後期を「遊びの時代」ととらえている。幼児は真面目に遊びに取り組む。遊びを通して幼児は自己と自己をとりまく現実に出会う。そして，遊びの中で想像力，集中力，最後までやり遂げることの喜び，共同することの喜びなど多くのことを体験する。幼児は遊びの世界の中に現実のさまざまなことや現実の目的を移し替え，さまざまな主題に応じて自分の過去の経験や予想される未来を感じる。そうしたことにより，やがてしなければならない実際の役割，道具の使用，未来に獲得するであろうさまざまな能力や技術，およびそれらが内包している目的を学び取っていくのである。

●コラム● 人間はなぜ遊ぶのか ― 遊びの理論

　「ホモサピエンス」「ホモエコノミクス」「ホモファーベル」人間を表すことばにはさまざまありますが，ホイジンガー,J.は「ホモルーデンス」(遊戯人)という概念を提案しています。
　人間は一生を通してよく遊びます。そして幼児の生活はほとんどが遊びであるといっても過言ではありません。「人間はなぜ遊ぶのか」について，表に示すように多くの理論があります。これらの理論はそれぞれが遊びの一面を説明するものであって，遊びには人間のさまざまな精神活動が関与していることが分かります。

余剰エネルギー説 (Spencer, H.)	日常生活の中で余ったエネルギーを消化するため
気晴らし説 (Kames, L. 他)	仕事や勉強で消耗したエネルギーを回復するため
生活準備説 (Gross, K.)	将来の生活の準備のため（ままごとなど）
反復説 (Hall, G.S.)	「個体発生は系統発生を繰り返す」というが，子どもの遊びは原始時代の人間の行動である
浄化説 (Carr, H.A.)	生活の中で鬱積した緊張や抑圧された感情を発散させるため
自己表現説 (Michell, E.D.)	仕事や勉強などでは満足できない支配欲や成功感を充足するため
生物学説 (Appelleton, L.E.)	身体的機能が発達すると，その機能を使用するため
認知発達説 (Piaget, J.)	模倣（外界に自分を適応させる調節）に対して，外界を自分に取り込む同化の過程である

　自発性の発達している子どもは3～4歳になると，積極的に友達と遊びたいという欲求が強くなる。そして，友達とともに遊ぶことを楽しむが，その遊びの中には必ずいたずらが含まれている。また，自発性の発達している子ども同士の間には自己主張に基づく衝突が起きるので「けんか」が始まる。
　「けんか」を繰り返しながら共に遊ぶことに意欲を示す子どもは，自発性が順調に発達していると認めてよい。ところが「いつも仲よく」などの教育目標を掲げている園の保育者は「けんか」をする子は「悪い子」といって抑圧し，「けんか」さえもできない子どもをつくり出している。自己主張のできない子，自発性の発達の抑圧された子どもは，このようにしてできあがるのである。

4 児童期から青年期の発達

1 児童期（学童期）

　小学校入学から思春期（青年期）までの時期を児童期（学童期）という。6, 7歳〜11, 12歳頃の年齢である。知的な面での飛躍的な発達や，友人関係を中心とした社会性の発達のみられる時期である。

❶ 社会性の発達

　この年齢の頃は，学校でも学外でも同年齢の仲のよい友達とともに行動し過ごす時間が多くなり，綿密な仲間関係を形成するようになる。小学校の中学年頃からは，同性の数名のメンバーで集まって遊ぶ集団が形成され，児童期後期になると仲間関係はさらに強まる。こうした時期を「ギャングエイジ」，仲間集団を「ギャング集団（徒党集団）」という。常に友達と徒党を組んで行動し，集団の閉鎖性が特徴的，集団内のつながりは密接，仲間だけのルールがあり，時には反社会的な行動をとることもある。仲間と集団で行動することによってぶつかったり，仲直りしたりしながら協調性を身につけるなど，様々な社会性を身につけていく。子どもたちの発達にとって大切なプロセスである。

❷ 知的面の発達

　児童期は，知的発達の大きい時期である。幼児期の子どもの思考は，まだものの見た目に左右されやすい。児童期の発達段階では，具体的事物についての論理的思考が可能になる。ピアジェによる思考の**発達段階**では，「前操作期」から「具体的操作期」への発達の時期にあたる。たとえば，体重計に片足で乗ったりつま先立ちしたりして，体重に変化があるかどうか質問すると，幼児期の子どもは，「（片足やつま先立ちをすることで）体重が少なくなる。」と答える。「保存性の概念」（ピアジェ）がまだ獲得されていない段階にあるからである。児童期になって，保存性を獲得した子どもは，「体重に何かを付け加えたり取り去ったりしていないから体重に変化はない」と説明できる。しかし，目の前で観察することができない事がらについては，まだ論理的に考えることができない。抽象的な概念や，想像上の，あるいは架空の事がらについて論理的に考えることができるようになるのは，「形式的操作期（11, 12歳頃以降）」になってからである。

　このように，児童期は飛躍的な知的発達がみられる時期であるが，"**9歳の壁**"といわれるように，一時的に認識能力の伸びが低下する時期もみられる。

発達段階☞第2章／②
思考の発達（p.45）参照

9歳の壁（walls in nine years old）：この時期の一時的な認知能力の発達の伸びの低下と，小学校での教科内容の高度化があいまって壁が構成されるといわれている。

> ●コラム● 「小1プロブレム」と幼保小連携
>
> 「小1プロブレム」というのは、学校という空間での初めての集団生活になじめない小学校1年生にみられる現象で、授業が始まっても教科書を出さない・騒いだり動き回ったりする・教師の注意をきかない等の状況をいいます。やはり、授業中に立ち歩きや私語・奇声を発する児童や、自己中心的な行動をとる児童によって授業が成立しない現象である、小学校高学年の「学級崩壊」とはその背景や現象にも違いがあるとされ、学級の崩壊ではなく、「学級未成立」によるものといわれています。幼稚園・保育所から小学校への接続期である、入学直後に生起しますが、2学期になっても3学期になってもその状況がかわらないケースもみられます。
>
> 近年、幼稚園・保育所と小学校の連携(「幼保小連携」)が注目されるようになった背景として、この「小1プロブレム」の問題があるといわれています。遊びを通して学ぶことを中心とした園生活と各教科の授業を中心とした学校生活との違いになじめないこと、幼・保から小学校への移行期の段差の問題がその要因の一つと考えられるからです。
>
> 「小1プロブレム」への対応策として、平成16年度より、立川市では幼稚園教諭や保育士の経験者を、「学校生活協力員」(市教委の委託職員)として派遣しています。小学校1年生を学校生活に慣れさせることを目的として担任の補佐をします。幼稚園教諭や保育士の子どもへの援助力の活用に期待が寄せられているということです。また、同年度から、幼小の連携をはかるために、大阪府教育委員会によりモデル校・園が設置され、小学校と公立幼稚園との間で教師の人事交流も始められています。

2　青　年　期

青年期は子ども（児童期）から大人（成人期）への移行の時期である。

児童期までの比較的安定した情緒面が大きく揺らぎ、人格を自覚的に再構成する時期であり、"第二の誕生"の時期ともいわれる。こころと身体の両面に大きな変化がみられる。

知的発達においても、青年期には「形式的操作期」に入り、抽象的な論理操作が可能になるとされる。また、人生における大きな選択として、進路や職業の選択を行う時期でもある。

青年期にあたる時期は、日本の場合、中学校（青年前期）、高等学校（青年中期）、大学（青年後期）の時期である。年齢的区分としては、エリクソンによれば12歳頃～20歳頃の年齢であるが、12歳頃～14歳歳頃（青年前期）をとくに思春期ということもある。これは身体の著しい性的な差異、「第二次性徴」の出現による区分である。近年、ライフ・サイクルにおける青年期の時期が延長していることが指摘されている。**発達加速現象**により、青年期の始まりが低年齢化の傾向にあり、高学歴化、晩婚化等により終わりが遅れて、以前より長期化していることを青年期延長という。ただ、日本の場合、30代前半頃までを青年期ということも多く、青年期を区切る境界そのものがあいまいになりつつある。

❶ 心理的特徴

　この時期を形容する表現として，「疾風怒濤」が使われるように，さまざまな心理的特徴もみられる時期である。内的な緊張や，やり場のない衝動等，青年期の情緒は強烈で不安定，性的・身体的に大きな変化がみられる。成熟に向けてのプロセスには精神面にも大きな影響があり，**思春期危機**と呼ばれる一過性の精神変調や行動異常がみられることもある。それは，時として統合失調症と見紛うほどの大きな変調として現われることもあるが，一過性のものであり，時期が過ぎればおさまっていく。

　人格面での発達については，**シュプランガー**により青年期の心的構造としてあげられた「自我の発見」がある。「自我の発見」とは，自己の内面に目が向けられ，各自のユニークな自己の世界が主観的に発見されることをいう。エリクソンは人の生涯を**8つの段階**（階層）に分け，それぞれの段階における「発達課題」と「危機」を表しているが，青年期の課題として「アイデンティティの確立」をあげている。アイデンティティは自我同一性と訳されている。「自分は何者なのか，目指す道は何か，社会の中でどのような意味ある存在なのか，人生の目的は何か」などの問いに対して，肯定的で確信的に答えられることが，**アイデンティティの確立**を示す重要な要素と考えられている。こうした自己探求の際に，自己が混乱し，自己の社会的位置づけを見失しなった状態をアイデンティティ拡散としている。希望を喪失したり，自意識過剰や自己を社会的に望ましくない役割に同一化したりするなどの状態となる。人生の理想像や価値観の混乱といった心理状態を，程度の差はあっても多くの青年が経験すると考えられている。また，エリクソンは青年期の特質を「モラトリアム」（猶予期間）と呼んだ。一人前の社会人として役割を果たす前に，青年には社会的責任や義務がある程度猶予されており，モラトリアムの間に，自己探求し，社会的にも心理的にも成長することができる。

　人間関係に関しては，**自我の独立**に目覚め，大人や既成の権威に反発する**反抗**的態度が示される時期（「第二反抗期」）が顕れ，児童期まで依存してきた親から**心理的に独立**しようとし，自分の行動や態度を自分の意志で決定しようとする。しかし，親への口答えや拒否を表す青年前期にも，依存や甘えも認められ，そのはざまから次第に自立へと向っていく。また，**友人との関係**が生活の大部分となり，その影響が大であるといった特徴がみられる。人とは異なったユニークな自分らしさを発見し，大切にしたい一方で，**親友関係**を求め，仲間に合わせ行動を共にし，流行にも敏感な時期といえる。

8つの段階☞第1章／②発達の理論（p.9）参照
第4章／❶発達段階と漸成（p.61）

アイデンティティの確立：青年期以降も，引き続き問い返され，生涯を通じてアイデンティティを問い直し形成していく。

反抗☞❹自由意志と反抗（p.34）参照

心理的に独立：ホリングワース，L.S. は乳児期の生理的離乳に対して，「心理的離乳」と呼んだ。

友人との関係：友人関係は，青年の社会化に不可欠といえる。一方で，いじめ等，友人関係にかかわる問題の生起もみられる。（コラム「いじめ」）

親友関係：心理的な依存の対象が親から友人に移行。

> ●コラム● いじめ IJIME
>
> 　「いじめ」による中学生の自殺という痛ましい事件が報じられたのは，1986年のことです。そのあまりにも衝撃的な事件は，教育関係者のみならず深く心に刻まれたはずです。しかし，その後，四半世紀経った今日まで，多くの「いじめ」問題・事件が生起しています。子どもの世界にも大人の間にも「いじめ」はみられるのですが，とくに中学校において多発①しています。しかも，なかには想像を絶するような高額の金品を強要したり，一人を何人かの集団で長期に渡っていじめ続けたり，友達グループとみられている仲間の誰かをターゲットとして「いじめ」を繰り返す等々，長期化し非常に陰湿化した「いじめ」もみられます。
>
> 　こうした歯止めのかからない攻撃性について，村瀬孝雄氏（1996）は，現代の子どもは，自分の中の攻撃性を，比較的安全無害にあらわす術を知らないのではないかと指摘しています。「いじめ」がどうして中学生に集中して生じているのかということについては，思春期の心理的特性とあわせて，その背景として現代の学校教育システムのなかでの中学校教育の抱える問題や，さらにそれを取りまく社会環境と深く関わる問題ととらえ検討していかなければならないと思います。
>
> 注① 森田洋司氏（1986,1994）は，深刻化したいじめが学校の教室という場で生起していることについて，いじめの四層構造モデル（被害者・加害者・観衆・傍観者）を示し，歯止めとなる層がないことを指摘しています。

❷ からだの発達の特徴

　青年期の生理的・身体的変化としては，性的成熟や身長・体重等体位の面の爆発的成長（**第2の発育スパート**）が特徴としてあげられる。性腺・性器が発達し（第一次性徴），女子は**初潮**，男子は精通がみられる。男女ともに外見的な変化もあらわれ，男子の肩幅や筋肉，喉頭部，声変わり，女子の腰部，乳房の丸み，陰毛・腋毛等，「**第二次性徴**」といわれる特徴がみられる。

　発達には個人差がみられるのが普通であるが，こうした思春期頃の生理的・身体的変化は，**早熟・晩熟の個人差**が大きい。学校等の同年齢の集団では，大きな身体的変化の個人差が顕在化したなかで，各人の思春期の心理的変化を経験していくことになる。先進国の都市化地域では性的成熟に達する年齢がしだいに早期化する「発達加速現象」が目立ち，都市化に伴う種々の刺激が影響を及ぼすとする説もある。

> ●統合失調症
> 　統合失調症（かつての病名：精神分裂病）は，思春期以降に発症するのが一般的といわれている。100人に1人くらいの罹患率で，国や地域，時代，男女の差はないと考えられている。個人の発病脆弱性と社会生活上のストレスの相互作用によって発症すると考えられ，適切な抗精神薬や周囲からの支えにより良い予後が得られるとされている。

からだの発達☞第2章／❺生殖機能（p.38）参照

第2の発育スパート：（第1章のスキャモンの発育曲線（p.10）参照）人間の身体の成長速度のうち，顕著な成長を示す2つの時期が乳幼児期の成長・発育スパートと思春期のそれである。

初潮：世界的にみて日本における初潮年齢は，最も早熟の傾向であるとされている。

個人差：身体的な成熟時期の個人差が悩みや自信のなさを生むこともある。

5 成人期，老年期の発達

1 成人期

　成人期の始まりは，現代社会における"青年期延長"により遅れる傾向にある。成人期の一時期を中年という呼び方をすることもあるが，中年（middle age）というのは，およそ40〜45歳頃から65歳頃までの年齢を指すことが多く，青年期と老年期の間の時期を中年と呼んでいるのが一般的である。

　人間の心理社会的発達を8つの段階としてとらえたエリクソンのモデルでは，青年期に続く3つの**発達段階**（Ⅵ，Ⅶ，Ⅷ）にあたる。このエリクソンのライフ・サイクル論における後半3つの発達段階のうち，最後の段階（Ⅷ）は老年期とくくられることもある。**ハヴィガーストの6つの段階**では，壮年初期および中年期が，成人期に相当する段階である。

　成人期の発達は，乳幼児期から青年期までの上昇的な発達的変化に対して，全生涯にわたる発達，すなわち，人間の発達を「自己実現」をめざし続ける過程という視点から捉えられる。身体的・生理的には，老化が始まり，記憶の衰えもみられるが，豊富な経験に基づいた判断力があり，社会的活動は活発な時期である。心理的には，生産性・創造性の豊かな時期といえる。

　エリクソンによる成人期の中核的課題は，「生殖性」対「停滞」である。「生殖性」とは，直接的には，子どもを産み育てていくことであるが，包括的に，生産し創造していくことを意味しており，成人期のパーソナリティ発達として特徴づけられている。

> 発達段階☞第4章／① 人生周期と漸成（p.61）参照

> 6つの段階：ハヴィガーストは，人間の発達過程を，
> ①乳幼児期
> ②児童期
> ③青年期
> ④壮年初期
> ⑤中年期
> ⑥老年期
> という6つの段階と捉えている。

2 老年期

　老年期は，成人期に続く人間の成長・発達の過程である。少子高齢化の日本社会において，年齢の区分として老年期を特定することは難しいが，国際的にみても65歳以上を区分とするのが一般的である。

　老年期には，さまざまな機能の衰えや人格変化がみられることがこれまで指摘されてきた。しかし，**平均寿命の伸長**により，かつての老人のイメージは大きく変化してきている。近年，老年期を対象とした心理学的研究がすすみ，加齢に伴う知覚能力や認知能力等の変化について諸研究結果が報告されている。

　それらによれば，高齢者の認知機能は単なる低下・喪失ではないこと，**知能**はかなり高齢まで維持されること，言語能力は大きく低下しないこと，健康な人の基本的なパーソナリティは変化しないことなどが明らかにされている。さらに老年期になってはじめて達成

> 平均寿命の伸長：平成23年の総務省統計局発表によれば，65歳以上の高齢者数，過去最高，80歳以上人口800万人超。

> 知能：流動性知能に比べて，結晶性知能は継続ま

生涯発達！　深い知恵・高い知性

たは上昇の可能性があると考えられている。

叡智：日常的にも，長年，多くの経験を積み，熟達することについて，「老成」「老熟」等の語を用いている。他にも，「老練」「老大家」等の語がある。
ex.「老熟の域に達する」

される心理的機能もあることが報告されている。高齢になってより成熟した防衛機制（ぼうえいきせい）の働きが増すこと，人生の中で出会ったさまざまな体験をとらえ直し，新たな意味を見い出し，アイデンティティの感覚をもつことができるようになること，などである。エリクソンの発達段階では，最終段階として人間の真の智恵，"叡智（えいち）"と呼ばれる心の状態に至（いた）ると位置づけられている。

第5章
実践事例と解説

　本章は，『事例』とその『解説』によって構成されています。
　子どもたちの心をもっとくみ汲み取れるようになりたい，けれども心理学は難しそう……というみなさん，まず，『事例（エピソード）』だけでも一読下さい。生き生きとした子どもたちの姿がリアルにイメージできれば，それだけでも有用です。さらに，子どもは何故そのように感じたり行動したりするのか，子ども同士や大人との関わりのなかで子どもは何を身につけているのか，関連する心理学の知見に基づいた『解説』を読み進むことで，子どもの心理への理解が深まることを期待します。
　1～9の各『解説』は，『事例』の全体を包括的に解説したものもあれば，エピソードの一つを取り上げて，発達心理学の知見と結び付けて説明しているものもあります。発達心理学の領域は幅広く，『解説』とは別の観点から読み解くことのできるエピソードもあります。1～4章に概説した理論や知識が，本章を読んで頂くことによって息づき，人間の心理発達についてさらに関心を持っていただければ幸いです。

❶ 「奏ちゃんのお弁当」（**自己体験による学習**）

　　　　　奏ちゃんはもうすぐ4歳になる女児。小柄でもの静かなかわいい幼児である。
　　　お母さんはお父さんと奏ちゃんを置いて家を出て行ってしまった。奏ちゃんも哀しいけれど，お父さんにはもっと複雑な感情と生活の不都合が押し寄せてきていた。忙しい仕事と奏ちゃんの養育。小柄で細いお父さんは穏やかではあるが，日々に細くなっているようであった。保育所は夜7時までの保育であったが，お父さんからの要望と事情の説明を受けて，お父さんが夜7時まで勤務ができるよう7時15分までの延長保育を行うことを職員全員で決めた。朝7時半から夜7時15分まで，奏ちゃんは保育所で過ごした。
　　　お父さんは一生懸命黙々と日々の生活や仕事を行っていて，保育所職員の誰もが応援できるだけの配慮をしたいと思っていた。
　　　ある日，ベテランのおおらかな性格の調理員のNさんが園長室を訪れて言った。
　　　「園長先生，調理室皆の意見ですが，奏ちゃんのお昼の主食は園で出してあげたいと思うのですが……」
　　　園長は嬉しかった。自分でもそう提案したいと思っていたのだ。「ありがとう！」と言ってその日の夕方さっそくお父さんに次のように伝えた。
　　　「朝，登園時に空のお弁当箱を調理室のカウンターに置いておいてください。私たちがご飯を詰めて，奏ちゃんの通園かばんにそっと戻しておきます。7時半にはまだまだ園内には人が少ないですから，きっと誰にも気づかれずにできると思います。」
　お父さんは，大変ホッとした表情を見せた。

　　　次の日，そのようにしてお昼の時間が来た。
　　　子どもたちはそれぞれ自分のカバンからお弁当を出して机に置く。副食が配膳されて「おべんと，おべんと，嬉しいな，なんでも食べましょ…」歌って「ご一緒にいただきます」とごあいさつ。そしてみな自分のお弁当を開けて食べ始めた。
　　　しかし，奏ちゃんはお弁当箱を開けたものの，じっと見ているだけで食べようとしない。大分経って保育士が「あら，奏ちゃんどうしたの？」と言っておでこに手を当て，「お熱はないわね」と言いながら行ってしまった。
　　　次の日もその次の日も，少しだけ口に運んだだけで奏ちゃんはお弁当を残してしまった。保育士も心配を始めた頃，お父さんからも連絡があった。

> 「奏は昼食を食べてないようです」
> 　次の日，お父さんはお弁当箱にご飯を詰めてきた。
> 　なんと！　その日の昼食を奏ちゃんは全部食べたのである。
> 　このことを，お父さんも全職員もある感動を持って受け止めた。奏ちゃんがいかに必死に生きているかを思い知ったのである。そして，保育の専門家として子どもの心を見極めていないことを反省し，恥じたのである。
> 　子どもが体を張って抵抗した姿である。

● 解　説

　4歳の奏ちゃんにとって，母親の家出は突然のことではありましたが，それ以前から，子どもなりに，両親の間に漂っているただならぬ空気を感じていたに違いありません。母親は，家を出る前の数か月間は，父親に対する不満，これからの自分自身の生き方のことで頭のなかがいっぱいになっていたことでしょう。奏ちゃんに対する後ろめたい思い，でも今の生活には我慢できない自分に対する腑甲斐なさ，そうしたことを感じながらの毎日だったと思われます。家を出るまでの日々は，母親はそばにはいても，その存在は奏ちゃんにとってこころの安定につながるようなものではありませんでした。

　「心」は「うら」とも読めます。こころは目に見えない不確かなものです。目に見え，耳に聞こえる「おもて」の言動と，「うら」のこころ，すなわち，気持ちとが食い違っていることを，4歳の幼児は何となく，しかし，確かに**からだ**で感じ取ってきたのです。幼いときからそうした境遇で，そうしたことを体験している子どもは「うら」に非常に敏感になっているものです。大人の想像以上に多くを感じ取り，知っているのです。

からだ☞第1章／**6**子どもはからだで考える（p.13）参照

　母親が家出をしたあと，奏ちゃんはお父さんから「淋しくってもお父さんがいるから大丈夫。何があっても，お父さんが奏を守ってあげるからね。二人でしっかりと生きていこう」と言われ，困難を乗り越えて前向きに生きていくことを誓い合ったのだと思われます。したがって，お父さんのしてくれること，お父さんの作ってくれるものは，お父さんの奏ちゃんへの愛情であり，誓い合ったことの証であり，すべてであったのでしょう。奏ちゃんはそうしたお父さんのこころや一つ一つの行動に全神経を尖らせて，自分の気持ちを奮い立たせていたのに違いありません。

　保育所の調理員の方たちが，忙しい父親の負担軽減のためにと考えて作ったお弁当に，奏ちゃんがすぐに気付いたことは本文にあるとおりです。「何でお父さんはごはんを詰めてくれないの？」「お父さんは奏を守ってくれるって言ってくれたじゃない」と，「うら」のことを奏ちゃんはいろいろと考え

ていたのでしょう。
　4歳になると，想像力が発達してきます。奏ちゃんの頭の中では「あーでもない」「こうでもない」と，いろいろな考えが，グルグルと浮かんでは消え，消えては浮かんでいたのでしょう。そして，**不安**のために，奏ちゃんは疑問の詰まったお弁当箱のごはんには手を伸ばすことができなくなってしまいました。子どものこころとからだの間にはこのように密接な関係があるのです。
　このことに，園長先生はすぐに気付かれました。そしてお父さんからも連絡のあった翌日，お父さんはお弁当箱にご飯を詰めてくれました。そうしたところ，奏ちゃんはその日のお昼ご飯を全部食べたのです。劇的な変化に先生たちは驚き，大変感動しました。
　園長先生は，自分の配慮の浅かったことを反省されました。また，奏ちゃんのこころの内を理解できていなかったことに恥じ入りました。しかし，園長先生や調理員さんたちの優しい気持ちや思いやりはお父さんにも奏ちゃんにも伝わったのではないでしょうか。そして，このできごとで，お父さんも園長先生も，奏ちゃんの感性の鋭さ，お父さんへの思いの深さ，不安が食欲をなくしてしまったことを目の当たりにし，奏ちゃんのことを深く知ることになったと思います。
　奏ちゃんは，自分がおかしいと思ったことに真っ直ぐに向き合っています。事例の中では，「体を張って抵抗した」とありますが，自分の中に生じた**疑問**をごまかさないで，自分が納得のいくまで追求した奏ちゃんの行動は，科学するこころに通じるものがあることが感じられます。
　また，園長先生たちの優しさは，奏ちゃんにもお父さんにも，自分たちを見守ってくれている人たちの存在を認識させ，二人を勇気づけたに違いありません。そして，究極的には，世の中はみんなの協力で成り立っているのだという共同体感覚が奏ちゃんにもお父さんにも育つと思われます。そうした気持ちがいつか恩返しや**恩送り**になるとよいと思います。幼稚園や保育所にはこのような大きな力があるのです。

不安☞第1章／**7**子どものこころとからだ (p.14)，第2章／**2**感情の機能 (p.32)，第4章／**3**希望とは「求めたものは必ず得られる」という確固たる信念である (p.72) 参照

疑問：自分の気持ちに気付き納得のいくまで探索ができたことから，父親との信頼関係が確立されていることが分かります。
☞第2章／**4**自分の気持ちや考えへの気付き (p.28)

恩送り：受けた恩を直接返すのではなく，別の人に返すこと

❷ 「尚果ちゃんのヒゲ」（感情の発達と自我）

　　「ひげ，生えるのかなあ……」
尚果ちゃんはそう呟いて下を向いた。
　尚果ちゃんは4歳。どちらかというと早熟でおませさん。いつでも友達の中心で仕切っている，頼もしい存在である。
　家ではお父さんに奥さんのような口をきく。保育所では友達に保育士のように注意をする——小さなレディである。
　特に自分の洋服やスタイル，容貌，持ち物にははっきりした好みを持ち，「かわいい」「きれい」「お姫様みたい」と言われると幸せそうである。
　4歳の女児の心には時として20代の女性や30代の妻・母が同居しているようである。

　そんな　尚果ちゃんが2〜3日前からすっかりおとなしくなって，園庭に面したベランダのすみに座っている。その表情にはある種の憂いさえ浮かべて……。
　友達が寄って行って誘っても，首を振っている。
　主任保育士の鈴木さんは，そんな尚果ちゃんの様子が朝から気になっていた。「尚果ちゃんどうしたの？」と近づいて話しかけた。いつもなら喜んでしなだれかかる尚果ちゃんなのに，この日は体を硬くして寄ってこない。
　「どうしたの？」と訊いても，複雑でさみしそうな笑みを浮かべるだけ。何やら悩みは深そうである。
　4歳にもなると言えないこともある———。鈴木主任は，「元気出してね。いつもの尚果ちゃんになってね」と言って他の子どものところへ行った。
　翌日。鈴木主任が気になる尚果ちゃんを目で追うと，やはり彼女は今日もベランダのすみにいた。でもその日は仲良しの美幸ちゃんがとなりに座っていた。鈴木主任はホッと胸をなでおろした。
　しかし，まもなく美幸ちゃんも他のお友達に呼ばれて行ってしまった。また，尚果ちゃんは一人で座っている。
　鈴木主任は心に掛かるものを感じてそばに寄った。
　「尚果ちゃん，遊ばないの？」
　「うん」
　「どこか痛いの？」
　「ううん」
　「変だなあ……先生にも話せないことなのね？」

「うん」

　次の日もまた同じ。
　鈴木主任は「今日は少し心の奥に入って行こう。心を開いてもらおう」と思っていた。
　そんなにも小さな胸を痛めているものはいったい何だろう，受け止めてあげたい…。そう思い，そっと尚果ちゃんの横に座って黙っていた。黙って左手で肩をなで，右手で尚果ちゃんの小さな柔らかい手を握った。
　しばらくそうしているうちに，尚果ちゃんの泣き出しそうな気配を感じた。
　その姿は，「先生助けて……」と言っているようにも見えた。

　「尚果ちゃん，何か悩みがあるの？」
　「うん」
　「なあに？先生にも話せないこと？」
　「うん」
　「――――」
　「――――」
　主任はうつむいている尚果ちゃんの顔を覗き込んでほほ笑んだ。
　尚果ちゃんもニコッとした。そしてこう言った
　「先生，誰にも言わない？」
　「うん，絶対言わないよ。指きり」
　「指きりげんまん嘘ついたら針千本のーます。指切った！」
　堅い約束が成立した。

　「尚果ね，もうすぐひげが生えてくるんだよ」
　「え？　ひげが生えるの？」
　「うん」
　「どうして？」
　「だって尚果，お父さんに似てるってみんな言うんだよ」
　「そうね　尚果ちゃんはお父さんに似てお目めが大きくてかわいいもの。先生もそんな目がほしいな……。そしてニコニコしてみんなに好かれるよ」
　「でもお父さんに似てるなら，尚果もお父さんみたいにもうすぐひげが生えるんだよね……」
　鈴木主任は尚果ちゃんがどんなことで悩んでいたのかすっかり理解し，かわいそうで涙が出そうになって思わず抱きしめた。
　そして，大人は自分の言葉が子どもの心に与える影響を十分想定すること

ができていないんだなあ…と改めて思った。

「そうだったんだね。それじゃ尚果ちゃんが悩むのも仕方ないね。いくら大好きなお父さんでも，口の周りにお父さんと同じおひげが生えたらいやだものね・・・」
「でもね」と鈴木主任は尚果ちゃんの手を握り締めて続けた。
「尚果ちゃんはお父さんに似ているけど，女の子だからおひげは生えないのよ。おひげは男の人にしか生えないの」
「ふーん……じゃあ，尚果にひげは生えないの？ここ（と胸を触って）にも毛が生えてこないの？」と真剣な顔で言った。
「うん，絶対大丈夫。先生が保障する！」
尚果ちゃんの顔は，みるみる明るくなった。

「みんなと遊ぶ？」と鈴木主任が言うと，「うん，遊ぶ！」と言うが早いか尚果ちゃんは友達の輪の中に走って行った。
　嬉しそうな背中を眺めながら，自分もつい「お父さんに似てるね」と言ってしまうことがあることを鈴木主任は思った。
　そして改めて，この3日間の尚果ちゃんの心配が痛々しく思えたのである。

● 解　説

　こころは多面的であるといわれています。**こころ**にはいろいろな側面があるのです。夏目漱石は小説「草枕」の冒頭で「知情意」ということばを用いていますが，これはこころの3つの側面を表すものです。また，「意識」もフロイトの見つけた「無意識」もこころのことです。心には「うら」という読み方がありますが，これは「目に見える行動」（表）に対する「目に見えないこころ」（裏）という意味です。

　こころのそうしたいろいろな側面の中で，**感情**は最もわかりにくい，そして，自分でも御しにくい複雑なものであるといえます。感情とは気持ちのことですが，こころ＝感情といってもよいくらいのものです。心理学の研究領域の中でも難しい領域で，したがってまだまだこの領域は研究の余地が大きいといえましょう。

　さて，感情の中でも**不安・恐怖**は，ともに私たちが日常生活の中でしばしば体験する強い情動です。不安と恐怖の違いですが，漠然とした対象や未来についての胸騒ぎや緊張があれば不安，特定の対象についての危険の認知，不快な動揺があれば，恐怖といえます。第2章では不安という情動に関して，

こころ☞第1章／❹こころにはいろいろな側面がある（p.12）

感情☞第2章／❷感情の発達と自我（p.31）

不安・恐怖☞第2章／❷感情の機能，❸感情の発達（p.32），第4章／❸希望とは「求めたものは必ず得られる」という確固たる信念である（p.72）参照

分離不安，8か月不安があげられています。

　不安には健常者が妥当な理由により抱く「現実不安」と，神経症の患者が執拗に抱く「神経症的な不安」があります。また，いずれであっても自分の存在に関する不安は「実存的不安」と呼ばれています。事例の中の尚果ちゃんの「ひげが生えてくるのでは？」という不安は大人の想像を超えるものですが，大げさにいえば実存的な不安といえるかもしれません。

　強い不安を感じても，また気にかかることがあっても，事例にあるように4歳になると口に出して言えないことも出てきます。そうなのです。3歳を過ぎると，それ以前の子どもと異なり，**自尊心**や**羞恥**，他人に言ってはいけないのではないかという気持ちなどが出て来るのです。それは，自己意識の発達ゆえのことですが，負けて悔しい気持ちや，自分の苦手なことを人前でしたくないときなど，黙りこくって，何も言わなくなってしまったり，自分の気持ちと反対のことをしてしまったりするのです。事例❶（奏ちゃんのお弁当）と同様に，食欲がなくなったり，体調をくずしたり，心配のため元気がなくなり，新しく行動をすることができなくなってしまうことがあるのです。幼児といっても，そうしたデリケートな側面をもっています。

　鈴木主任は，いつもと異なる尚果ちゃんの様子が気になり，そばに行って尚果ちゃんの気持ちを上手に聞き出しました。そして，心配の種が見つかり，誤った考えで悩んでいたことが判明すると，尚果ちゃんはすぐに元気になりました。「今泣いたカラスがもう笑った」で，みるみるうちに明るくなった尚果ちゃんは友達の輪の中に走って行ったのでした。

　幼児といえども，4歳にもなると思考力も発達するので，いろいろなことに思いをめぐらし，幼児なりに悩むのです。大人のことばが子どものこころに与える影響の大きさには驚かされます。このことは，保育者が十分に自覚しなければならないことです。そして，この事例は，幼児の感情と行動が直接的に関係していることがわかる事例でもあります。

　またこの事例では，そうしたことに加えて，子どものこころに引っかかることができた時，子どもがこころを開いてそれを話すことの重要性，話すことのできる相手の存在の必要性も感じ取ることができます。保育者が子どもにこころを開くカウンセラーになること，保育者にとって子どもがこころを開く**カウンセリングマインド**を持ち合わせることは必要不可欠のことです。

自尊心☞第2章／❸自尊心と羞恥・疑惑（p.34），第4章／❸自己意識と意志力と事故尊重の気持ち（p.73）参照

カウンセリングマインド☞第1章／②保育実践の評価（p.17）

❸　「4歳のこころ」（自己主張（自己発揮）・自己抑制）

　たっちゃん，悟ちゃん，祐樹ちゃんの3人は共に4歳。異年齢保育10人ほどのゆったりした保育室で，土曜日も終日保育を受けている。

　3人はテーブルを囲み，座って遊んでいた。磁石棒を使って小さな玉を陣地まで持っていくゲームを始めたところであった。3人はもう保育園生活を3年も続けているので，保育園の流れもよく知り，自分の知りたいことも要領よく保育士に尋ねて，1日の心積もりをしているようであった。

　見学の高齢女性の吉田さんがテーブル近づき「こんにちは」と声をかけると，3人は快く迎えてくれた。

　「先生おうちどこ？」「平塚なの……」たっちゃんと悟ちゃんは「厚木，小田原，伊勢原，秦野……」と地域名をあげ，「今日のお昼はうどんだよ。もう少ししたら外に出るから一緒に行こう」と誘い，ゲームの遊び方を教えてくれた。ガラス面の下にあるボールに磁石を当てて上手に陣地まで運んで行くのである。

　たっちゃんは教え方が上手である。教えながら女性の膝に座って説明をする。悟ちゃんは，たっちゃんが女性に教えるのを聞きながら実演して見せてくれた。ほほえましいコンビに見えた。そしてひとわたり教えると「やってもいいよ」と磁石棒を手渡してくれた。まだ遊び始めたばかりで遊びたいはずなのに親切である。

　祐樹ちゃんは少し小柄でおとなしいように見える。でもその目はなかなか思慮深さを感じさせ，状況を見て行動する成熟度もうかがえる。

　大判のゲームに自分の入る余地がないと見るや，小判の同種のゲームを持ってきた。それは磁石の棒がすでに紛失しておりゲームとして遊べないものだった。しかし，ときどき大判のゲームの2本ある磁石棒を利用して女性に見せるようなしぐさで何気なく見本を見せた。

　祐樹ちゃんの内心では自分もゲームで遊びたいように見えた。しかし何も言わずにそれらの行為を繰り返しながら自分のチャンスを狙っていた。もうずいぶん我慢した。

　その時，保育士が外遊びの準備を始めた。3人ともその気配は敏感に察していた。

　「外で遊べるよ，一緒に行こう」とたっちゃんが女性に言った。女性は風邪気味だった。

　「外は寒いから……」
　「大丈夫。今日は暖かいよ」

「そうね……」
　そんな会話の間，祐樹ちゃんは「ゲームができるチャンス到来」と思ったようだ。すでに大判のゲームの磁石棒は机の上に転がっていた。祐樹ちゃんはそれを手にとった。
　すると，もう外遊びに行く気になっていたはずのたっちゃんがその棒を引っ張った。二人はそれまでの穏やかな表情から，敵対心をいっぱいにした厳しい表情に変化した。引っ張り合いは取っ組み合いになり，床に寝ころんで相手のあごを蹴り髪を引っ張り横っ腹を殴った。ほんの数秒であるが双方ともに激しい取っ組み合いだった。
　保育士がそばにきた。と，どちらからともなく「じゃんけんしよう」と言う。二人は素早く床に座り「じゃんけんポン，あいこでしょ」とじゃんけんをした。たっちゃんがグー，祐樹ちゃんがパーを出した。これで決まったと思ったとたんに，何とたっちゃんは「パーとグーだとグーが勝ちだよ」と言った。あっけにとられたような祐樹ちゃんは黙っている。どこで見ていたのか，5歳の大柄の女児が来て，そばで見ていた吉田さんに小声で「グーとパーだとパーが勝ったんだよ」と言った。しかし，争い中の二人には言わない。賢いなあ……と吉田さんは感心した。
　するとたっちゃんは「グーとパーだとグーが勝ちってお母さんが言ったよ」と言う。自分の強引さはわかっているのだ。お母さんとじゃんけんしてそんな冗談言われたのかなあ……　と吉田さんは思った。再び取っ組み合いが始まった。しかし，最初の時より少しトーンが落ちていた。たっちゃんは少し気が咎めていたようである。そして数秒後，どちらともなく取っ組み合いは終わった。二人とも磁石棒への興味を失ったようである。
　しっかり我慢してチャンスを伺って遊具を得ようとした祐樹ちゃん。明るく活発でいつも場をリードするが，相手の心の動きに気付くのが遅くなりがちのたっちゃん。4歳児の発達の中で状況判断の適切性と自分の感情抑制には差がある。個性としての差ということと発達の進行状態の差である。
　取っ組み合いのあと，この二人の間にはほとんど会話がなかったが，会話がなくてもわかっているようにも見えた。
　しかし，もし祐樹ちゃんが「今度僕に貸して」と言ったら，貸してあげる親切心をたっちゃんは持っていたようにも見える。
　こうした争いは，人間関係の学びの機会としてとても大切である。
　すぐに飛んで行って両者を説得して「やめさせて仲良し握手」をさせていた従来の保育は変化し，保育士の「見守り保育」も功を奏してきた。そんな時代が来たように思う。

● 解　説

　2005年にわが国は人口減少社会になりました。子どもの数も少なくなり，子どもたちが家庭で兄弟げんかをして自己主張をしたり自己抑制をしたりという経験がますます少なくなっています。ほめられてばかりで叱られた経験のない「丁寧な」子育てをされている幼児の，乳児期以来の**全能感**（万能感）は肥大したままです。幼稚園や保育所での集団生活が始まれば，そういう子どもも友達とのけんかやトラブルを経験することになります。幼児のレベルでも，けんかをすれば，少しのけがや傷はつきもので，避けられないことです。そうしたことを経験することができるので，幼児の集団教育は意義があるのです。

　ところがちょっとした傷でもさせて「説明」なしに帰宅させようものなら大変で，早速，園にけがをした経緯を問い合わせ，傷をつけた子どもの親に謝ってもらわないと気のすまない親がふえているそうです。そういうことがあるためか，唯一子どもの社会性を育てる場であるともいえる幼稚園や保育所でも，最近まで，子どものけんかを見たらすぐに止めに入ったり，できるだけ子ども間のトラブルを避けるように配慮した保育をしていたということです。例えば，砂場で遊ばせる時にはシャベルの数を子どもの数だけそろえるなどして。これでは，集団の中で何を育てるというのかわかりません。が，事例にあるように最近ではようやく，けんかは学習のチャンスと，「見守る」保育が主流になってきたようです。

　友達と遊ぶ中で，幼児の場合は，仲のよい友達とのけんかはつきものです。けんかをしない友達には関心がないことで，そういう子どもとは友達になりません。子どもにとって「仲良し」とは，けんか仲間でもあるということです。

　感情表出についても幼児の場合は，「起伏は激しいが持続時間は短い」という特徴があります。けんかをして傷つけあっても幼児の力でつけられる傷は，からだについてもこころについても大きいものではありません。けんかの相手に対する憎しみは，子どものこころにしこることはありません。すぐに，二人の関係は修復されます。そして，幼児期からそうしたことを積み重ねて友達とのつきあい方を学ぶのです。

　そうしたことを体験できないまま成長した子どもたちは，自分が傷ついたり他者を傷つけたりすることに臆病になっています。あるいは，相手のことはともかく，自分が傷つくことを極端に恐れています。そうして，深く，広く人と関わる力が育てられないまま大人になっている人がふえているようです。

　人間は一人では生きることはできません。人とけんかをしたり，それを修

全能感：幼児後期になると，自分にはできないことがあることに気付き，できることをしていこうという姿勢が見られるようになります。

感情表出☞第2章／❸感情の表出と発達（p.35）

復し合ったりして，人とのつながりをつくっていくのです。その中で，かけがえのない自分と，かけがえのない他者の存在に気付いたり，自分とは異なるいろいろな人が存在すること，助け合ったり支え合ったりすることを学び，それが生きることだということを学ぶのです。

よいところしか見せられない関係，上っ面だけの関係では，何も分かり合えません。そして，そこからは何も生まれません。幼児期からの遊びやけんかの体験は大切です。

遊びやけんかをしながら，自分のおかれている環境に適応するためには，周りの人たちと折り合いをつけることが必要不可欠です。折り合いのつけ方とは，自分を変えるか周りを変えるかのどちらかで，自分を変えることを**社会化**（調節），周りを変えることを**個性化**（同化）といいます。

> 社会化と個性化☞第2章／③環境との相互作用（p.29）参照

自己制御（セルフ・コントロール）の機能には**2つの側面**があります。いやなことや他と違う意見をはっきり言える自己主張的な個性化の側面と，自分の意志や願望を抑える自己抑制的な社会化の側面です。このうち自己主張が急激に高まるのは3歳から4歳後半にかけて，一方，自己抑制の発達は3歳から小学校入学までなだらかに伸びていくといわれています。

> 2つの側面☞第3章／③仲間関係（p.57）参照

事例の中では4歳児の2人が大判のゲームを取り合って引っ張り合ったり取っ組み合いをしたり，じゃんけんをしたりという様子が描かれています。が，自己主張の高まる4歳児では自己抑制はまだ難しいようです。自己抑制ができる頃までに自己主張をたくさんさせておくことが大切です。

さて，幼児が自らの感覚と筋肉を用いて積極的に行動することができるようになると，幼児は自己制御と他者からの統制という二重の要請に直面します。そして，幼児は，**意志**をもつということは強引に自分の思いを通すことだけを意味するのではないこと，意志をもつとは自己の衝動を生かす判断力と決断力が増大していくことで，これは何を意志することが可能であるかを見分ける力であること，意志する価値がないことは諦めなければならないし，避けることができないことならば，これを正面から受け止めなければならないこと，そうしたことを学んでいくのです。そうしたことが，幼児後期の人格的活力である「目的」につながっていきます。

> 意志：希望→意志→目的の順に漸成されます・順序が変わることはありません。

意志力は成熟して後，衝動の統制がどれほどうまくできるかという自我の特性となります。意志力は他者の意志と拮抗したり，協同で働いたりします。また，意志力には公正さが求められますが，公正・公平は，わが国民に欠落しがちな特性であると指摘されることもあります。したがって，こうしたことは幼児期より心して育てていくことが必要であるといえましょう。

❹ 「スイカの種」（自分の保育実践で，保育者の子どもを見る目）

　祥恵さんは今25歳，保育士になって5年目です。乳児も体験し昨年から4歳児の担当になりました。4歳児の21名は女児のほうが少し多く，朝からおしゃべりも絶えずに仲良しに見えます。祥恵さんも保育者としての経験も程よくでき，ゆとりも生まれ，毎日が楽しく「保育士になってよかったなあ……」と思っています。

　でも，祥恵さんには遠い昔の思い出の中から一つだけ「保育士なったら気をつけよう……」と思っていることがあるのです。

　それは自分が4歳のころ。ある夏の暑い日。大好きなスイカがおやつに出た時の事です。
　みどり先生が
　　「今日は，皆の好きな，スイカのおやつよ。みんな。よーく見て。スイカには赤いところに黒いぼつぼつついているでしょう。これなんだかわかる？　……。
　　そうね。種です。これは種なので食べられません。小さいからうっかり飲まないで，ちゃんと出してね。
　　じゃあ。みなさん召しあがれ……。」
　当時4歳のさっちゃんも真っ先に食べ始めました。でも……少しすると，さっちゃんの表情は少し暗くなりました。なぜって「種を飲んだかもしれない……」「あ！　飲んじゃった……」　そう，さっちゃんは種を4つほど飲んでしまったのです。
　「どうしよう……」「どうなるのかなあ……」心配は胸いっぱいに広がりました。お隣のきみちゃんが「さっちゃんどうしたの？」と聞きましたがさっちゃんは「なんでもないの」と答えていました。
　おやつが終わってお帰りの歌の時間です。
　　「きょうも楽しく過ぎました。おかえりお支度できました……。」
いつもは大きな声で歌って，もうすぐお母さんに会えると嬉しくなるのに，この日は泣きそうな気持でいっぱいでした。

　お歌も終わり，皆での「さよなら」も終わりました。
　さっちゃんはやっと勇気を出してみどり先生のところに行きました。先生の後ろにそっと立っているとみどり先生はふりかえり，
　　「あら。さっちゃん，どうしたの？」と言ってくれました。

さっちゃんは一つ深呼吸をして，
　　「先生……。スイカの種，飲んじゃったの……。」
と勇気を持って言い，先生の顔を，じっと見ました。
　先生は，なあんだという表情で，
　　「あら，大変，じゃあ，さっちゃんのおなかにスイカが生えるかもしれないね。」
　　「………？？？」
　さっちゃんはびっくりしました。心臓が，ドキドキしました。
　みどり先生はそのまま行ってしまいました。
　さっちゃんはお母さんが迎えに来るまでぼんやりしていました。やがてお母さんがお仕事から帰ってきました。お母さんは「さっちゃんどうかしたの？」と聞きましたが，さっちゃんはお母さんが心配すると思うととても言えません。
　夜，お布団に入ってそっとおなかを触りました。ペッチャンコでした。寝ているあいだに生えてくるのかなあ……。こわかったけどさっちゃんは疲れていたので眠ってしまいしました。
　朝。やっぱりお腹はそのままです。
　次の朝も同じです。
　さっちゃんは，みどり先生も何も言わないことを思い出しました。
　　「先生，嘘言ったのかなあ……。でも……。」
　さっちゃんはお母さんに聞きました
　　「お母さん，おやつのスイカの種，食べちゃったの。どうなるの？」
お母さんは，言いました。
　　「一寸消化に悪いけど，うんちと一緒に出るから大丈夫よ！」
　祥恵さんはみどり先生を今でも大好きですが，あの時の事は忘れられません。
　自分はそんなことを言って子どもを何日も不安にさせるようなことは決してしないようにしようと心に決めてます。

● 解　説

　園庭で遊んでいる子どもを見ると，その子どもの担任の先生が誰なのかがわかるとおっしゃる園長先生は多くおられます。幼稚園や保育所で幼児は条件づけ，連合学習，**模倣学習**，観察学習など，さまざまな学習をしていますが，とりわけ大好きな先生の観察や模倣学習（モデリング）をよくします。子どもの姿を見ただけで，その子どもの担任の先生が誰かが分かるのはそのため

模倣学習：真似て身につけること。先生はモデル（手本）となります。

です。

　保育者を見ていると一人ひとり，みな違っています。それは，その保育者の生まれつきのものもありますが，**成育史**と関係が深いのです。家庭で親からどのように育てられたか，また，どのような体験をして育ったかということです。幼いときに限りませんが，体験が一人ひとりをつくるということは，事例の本文からもわかります。

　誰しも，自分のしていることや思っていることが一番よいとは思わないでも，そのことで，他者に迷惑をかけたり不安な思い，不快な思いをさせたりしているとは思ってもいません。祥恵さんの先生であったみどり先生もそうだったに違いありません。

　また，私たちはよほどのことでない限り，自分の行動が自分の親の行動パターンに影響されていることに気付きはしないでしょう。無意識のうちに親の姿が子どもの行動に表れることは，親に対する子どもの**同一視**によるところが多いからですが，このことは当然のことながら，保育者と担任をしているクラスの子どもの関係においてもいえることです。

　保育者はいつも，自分の**一挙手一投足**（いっきょしゅいっとうそく）は子どもたちから見られていること，子どもたちの憧れの対象であること，モデル（見本・手本）となっている存在だということを意識しなくてはなりません。子どものお手本として恥ずかしくないような言動を心がけ，子どもとともに毎日豊かに成長することが望まれます。

　保育者の言葉や動作の一つ一つが，一人ひとりの子どもに大変大きな影響を与えるということは忘れてはならないことです。それは，保育士になった祥恵さんが20年以上も前のことを鮮明に記憶しているというこの事例からも，よくわかります。不用意な発言を慎まなければならないことは言うまでもありません。が，それだけではなく，自分のことをよく見つめ，自分を磨き上げて，一人ひとりの子どもの保育にあたらなければならないということを自覚することだと思います。

　学生時代には，2年間（4年間）という短い期間に学校で教わることは一つ残らず頭に入れようという気概をもち，下手なピアノで子どもに歌を歌わせるなんて子どもたちに失礼であるという気持ちで，毎日一生懸命学習することが大切だと思います。

成育史☞第1章／①発達観（p.21）参照

同一視：防衛機制の一種。他者のもつ特性や力を自分ももちたい時，自分をその他者と同一にみることによってそれらを取り入れること。

一挙手一投足：一つ一つの動作。

5 「みなみちゃんのお迎え」（母親という環境）

　　みなみちゃんは5歳。お父さんが急に病気で亡くなってしまいました。お母さんは毎日哀しそうな顔をして，時々はみなみちゃんの顔をしっかり見て「お父さんが，いたらね……」と強く抱きしめました。でも，お母さんはみなみちゃんを育てるために働きに出ることになりました。幸い経理の資格があったので会社の経理員として採用されてみなみちゃんを育てることができる給与はいただいたのですが……　会社は忙しく，夜7時半に退社して8時に保育所にみなみちゃんを迎えに来るのがやっとでした。保育所でも全力でお母さんの生活を応援し，8時までの延長保育を受け入れ，日々のみなみちゃんの発達の様子にも気をつけました。

　　ある日の事。いつものように5時半を過ぎて延長保育（お星さまの時間）の部屋に移動しました。そして6時半以降のお迎えの子どもたちには夕食が出ます。6時が夕食の時間です。みなみちゃんはお夕食のお部屋に行きました。まだ，20人以上のお友達がいて少し楽しく夕食を食べられるのです。

　　夕食を終えると，また皆のいる部屋に戻って遊びます。もう，いろいろな年齢の子どもが一緒です。1歳児の女の子はじっと立って指を口に入れて大きな子の動きを見ています。夕方はテレビを見てもいいので，アニメを見ている子どももいます。

　　みなみちゃんは一番大きな子なのです。

　　急におもちゃ箱から大きな布を出してきて，ちらっと保育士を見て腰にスカートのように巻き始めました。保育士と目が合うとニコッと笑って，次にバンダナのような布を紙に巻きました。すっかり準備ができたみなみちゃんは，テレビの音楽に合わせて踊り始めたのです。

　　腰をくねくねとくねらせて顔を少し斜めに挙げて黒目を端に寄せて……大人っぽい微笑を浮かべて……

　　踊りはまるでフラメンコのよう……　これから訪れる長い時間をなんとかして耐えてお母さんを迎えようとしているように……

　　その時，美鈴ちゃんのお母さんがお迎えに来ました。美鈴ちゃんは3歳半。お母さんは美鈴ちゃんが抱っこしていたクマの縫いぐるみを見て「くまちゃんありがとう。て，返そうね。」と言って，美鈴ちゃんを抱っこして帰って行きました。みなみちゃんは見ないふりして見ていました。また一人，また一人，お迎えのお母さん，お父さん，おばあちゃんがきて，忙しそうに保育士さんにお礼を言って帰って行きました。

　　みなみちゃんはもう踊りをやめて，弾力的な竹の細い棒を持っていろいろ

なものをたたいて歩き始めました。「こんなのいらない！」「これもいらない！」そうして机もテレビもおもちゃも叩いていました。先生をちらっと見ましたが，先生も黙っていました。

8時に近くなり，とうとうみなみちゃんは一人になりました。当番の保育士はみなみちゃんのそばによって，一緒に遊ぼうとしました。この保育所では最後の一人が帰るまで決して帰り支度の片づけをしません。居残り児のような印象を与えないようにするためです。

最後までその子のための楽しい保育室にしておきたい，それが皆の想いでした。

みなみちゃんは棒でたたき歩いて，ときどき，ちらっと入口に目をやりました。もうお母さんがくるのです。やっぱり待ちくたびれて我慢の限界で，表情には笑顔はありません。

保育士が「もうすぐお母さんが帰ってくるね」というとみなみちゃんは今気がついたような表情で入口を見ました。少し柔らかな表情でした。お母さんを迎える顔のように見えました。待ちわびたお母さんの姿が廊下に見えて，

「みなみ。ただいま！」とお母さんの声。少し疲れているようなお母さんでしたが笑顔と優しい声でみなみちゃんのそばによると肩を抱き寄せました。

すると……　みなみちゃんの表情は5歳の女の子の嬉しい表情になりました。

そして，いくつかのおもちゃを片付け始めました。「えらいね，みなみ」とお母さんに言われると，本当にうれしそうに「うん」とうなずきました。

「先生。さようなら。」みなみちゃんは保育士の前に来てきちんと挨拶して，かばんを持ってお母さんと手をつないで保育室から出て行きました。

母と子の5分間の再会の時間がすっかりみなみちゃんを5歳のかわいい女の子，仲良し親子にしていました。

夜8時，我慢していたいじらしい心を残してみなみちゃんはお母さんと夜の闇に消えて行きました。

保育士は，いろいろな子どもの心を受け止めた保育室のカーテンをしっかり閉め，片付けて鍵をかけたのです。

● 解　説

人間の生き方について，ワーク＆ライフバランスが叫ばれて久しい今日この頃ですが，子どもにとって，母親の生き方，母親のあり方は古くて新しい

問題です。

　事例のように，幼稚園児を残して夫に先立たれてしまった場合には，母親は生きていくために働くことを余儀なくされます。そして，一旦社会に出ると，幼児がいるからといって，自分の都合で毎日早く退勤できるほど，世の中は子育てを理解してはくれてはいません。

　そういうわけで，お父さんが亡くなってしまった5歳児のみなみちゃんは，忙しいお仕事を得たお母さんと一緒に生きていくため，保育所に入園しました。そして，延長保育では，時として最後の一人になるときもある，そういう日々を過ごすことになりました。

　早朝に登園する園児にとって延長保育で，お母さんを待っている時ほど心細いときはありません。お母さんを待ちくたびれて我慢も限界を超え表情から笑顔が消えてしまってからお母さんが迎えに来る時もあります。しかし，事例にあるように，お母さんの顔が見えるとみなみちゃんの表情は一変します。嬉しい5歳児の表情になるのです。母親という存在はそういう存在なのです。つらいことも，堪えがたいことも，**母親**はすべて溶かしてしまうのです。

　みなみちゃんのお母さんはまだお若いのに，夫の死という困難に遭遇しても，周りを恨んだり，自分の不幸を嘆いたりせずに，自分の人生を受容し，前を向いて，困難を乗り越えようと懸命に生きています。大変けなげで立派な女性です。そして，母親のそうした生き方や態度はみなみちゃんにもしっかりと伝わっているのだと思われます。

　人間は生き物ですから，明日のことは誰にもわかりません。しかし，どんなことがあっても，それを現実のこととして受け止め，そこから逃げずに，一日一日を一生懸命に生きていれば，それは幼児とて，正しく感じ取り，真剣に受け止めると思います。その存在は，周りの人たちのこころをなごませます。そうして生活しているうちにお互いが成長することができるのです。そうした真っ当な生き方，関わり方を子どもに見せることが，お母さんのみなみちゃんへの一番の贈り物になっているように思われます。誰にとっても，その時々を力一杯生きることが大切なのは普遍的なことです。そして，それができることが人間にとっては一番の幸せだと思います。

　母親は子どもにとっては最大の環境です。一方，みなみちゃんの保育所では，延長保育の時に，保育士さんは最後まで残った子どもがお母さんに連れられて園の門を出るまでは後片付けをしないということです。この一つのことからも，この保育所は子どもを不安にしない，子どもたちを**安心で包んでいる**保育所であることがわかります。このような保育所に子どもを預けているからこそ，お母さんも安心して力一杯働くことができるのでしょう。

母親☞第2章／❸母親・保育者は最大の環境である（p.26）参照

安心で包んでいる保育所　☞第1章／②保育実践の評価（p.17）参照

6　「自分がいる，自分でない人がいる」（発達援助）

　１歳２か月の知子ちゃんは真っ白なケープをはおり，棒につかまってたっちをしていた。その前には大きな鏡が貼り付けられており，知子ちゃんは大きな鏡をじっと見つめていた。そしてその鏡の中には大好きな弥生保育士もいた。知子ちゃんが笑うと鏡の中の知子ちゃんも笑った。知子ちゃんが手を挙げると鏡の中の知子ちゃんも手を挙げた。いつの間にかとなりに卓ちゃんが立っていた。卓ちゃんが頭に手をやると鏡の中の卓ちゃんも頭に手をやった。
　知子ちゃんと卓ちゃんはしばらく遊んだ。となりに弥生保育士が来て「知子ちゃんがいた」と鏡に向かって言った。
　自分の姿を通して何となく１歳児が自分を知っていくときである。自分と自分でないお友達……　自分が手を挙げても挙げないとなりに写っているお友達……　何となく，わかってきた。「知子ちゃん」と呼ばれると振り向いた。「卓ちゃん」と呼ばれても振り向かない。

　３歳児の翔ちゃんは大好きなミニカーを５台集めて遊んでいた。「これが先で，これが後」「しゅっぱーつ」と言って走らせた。そこへ清人ちゃんが来て，同じミニカーで遊ぼうとした「僕のー」と言って翔ちゃんは清人ちゃんの手からミニカーを取り返そうとした。しかし，遊びたい清人ちゃんはさっと持って逃げて行ってしまった。
　「僕のーーー　」と翔ちゃん。
　「僕が遊ぶーーーーー」と清人ちゃん。
二人はミニカーをめぐって取り合いをしていた。
　保育士がそばに来て少し見ていたが，「お友達，ほしいから貸してあげようね」といった。「いやだーーー」と翔ちゃん。
　「翔ちゃん，いくつミニカーあるの？」と保育士が言った。翔ちゃんは自分がいたところに戻って全部のミニカーを持ってきた
　「５つもあるんだ，たくさんだね。じゃあ，貸してあげられる？」
翔ちゃんは一つを持って，清人ちゃんに差し出した。
　清人ちゃんもたどたどしく「ありがとう」と言って遊び始めた。
保育士は見守ったほうがいいかどうか迷っていたが，３歳児では他のお友達も自分と同じようにミニカーがほしいんだ，そういうときは貸してあげると喜ぶんだということを教えてあげたくて，口添えをしたのである。

　　　　5歳児の蓮ちゃんはブロックをかごに入れて持ってきて，昨日途中までしかできなかったかっこいい家を作ろうとしていた。夢中だった。昨日は作業の途中で時間切れになってしまったので今日こそはお昼の時間までに作りたかった。もうすぐ屋根を作ろうとしている時，大地ちゃんが「僕にも貸してーー」と言ってきた。
　　蓮ちゃんは「僕，これ全部いるんだ」と言う。
　　大地ちゃんは，「だって僕も使いたいんだ」といってかごからいくつか取り出し始めた。
　　「だめ！」と蓮ちゃんは大声で言い，小さな棒で大地ちゃんの手を叩いた。
　　「痛い！」と言うと今度は大地ちゃんがおもちゃの熊手のようなもので蓮ちゃんの手を引っ掻いた。
　　「何するんだよ！」と蓮ちゃん。
　　「お前が先にぶったんだろ！」と大地ちゃん。「自分だけ，ずるいよ！」
　　「だってこれ全部ないと作れないんだ」
　　「でも僕も使いたいんだ」
　　「ダメ，後で貸してあげる」
　　「だってもうすぐ給食だからできなくなっちゃうもん」

そんなやり取りの後，再び取っ組み合いになってしまった。
　　保育士は，取っ組み合いになったころから危険な状態にならないか見守っていた。
　　でも二人は心得ていた。
　　蓮ちゃんは大地ちゃんが使いたい気持ちを分かっていたし，大地ちゃんも蓮ちゃんが全部使って大きなおうちを作りたいのだということが分かっていた。
　　蓮ちゃんはときどき「貸してあげようか…」と思った。
　　大地ちゃんはときどき「別の物で遊ぼうか…」と思った。
でもやはり二人はともに引き下がらずに，とうとうお昼までの数分をブロックの取り合いに費やしてしまった。
　　お昼を告げる時計が鳴った。二人とも，もう遊べないことを知っていた。蓮ちゃんはブロックを片付け始めた。大地ちゃんは手に持っているものを箱に入れて給食当番の仕事を始めた。
　　二人は黙っていろんな事考えた。そして少しつまらなかった。

　1歳では
　　自分がいること，自分でない人がいることを，鏡で知っていった。
　　保育室ではそのための大切な保育環境として鏡を用意した。

3歳児では
　他のお友達も同じものがほしい時がある，ということを気付かせるタイミングをみて言葉を添えた。

5歳児では
　何もかもわかっているが感情のコントロールはできにくい。だから危険がない限りそのやり取りを保育士は見守った。

　さまざまな感情を感じ，言葉も出て取っ組み合いもしながら，その後での自分の感情が「なんだかつまらない」ことを感じる。こんな体験があっても5歳児では欲求の強い状態では譲れない。争いになる。でもほんの少しずつ，どうすればよいのか，どうすれば貸してあげる気持ちになるのかを学ぶ。貸してもらいたい方もどういう態度でどう言えば貸してもらえるのかを考え，知恵となる。

　子どもが他者の存在と他者の気持ちを理解していくために，子どもそれぞれの年齢に応じた援助は大切である。

● 解　説

　保育とは養護（care）と教育（education）です。どのような養護もまた教育もそれ自体が子どもの**発達の援助**になっていなければなりません。

　日常の保育で発達援助は幅広く行われますが，ここでは，「他者の存在と気持ちの理解」を取り上げています。子どもたちの対人関係を深めたり広げたりする力が弱くなっている今日，他者の存在と気持ちの理解の発達への援助は，保育者にとっては最も重要な問題の一つだといえます。他者の存在と気持ちの理解は，対人的コミュニケーション能力と密接に関わることです。

　コミュニケーション能力については「伝達する力」「発信する力」のみに関心を向けられがちですが，コミュニケーション能力は，①「発言すること」「発信すること」，②「人の話を聞くこと」「受信すること」，③「共感すること」「共有すること」の3つの力から形成されているのです。

　新生児は何もできないように見えますが，胎内で聴覚体験を通した学習を積み，対人的コミュニケーションに敏感な能力を備えて生まれてきます。乳

発達の援助：他の事例でも出てきましたが，不適切なことばかけは子どもに届かないだけでなく，子どものこころの安定を乱す原因となるものです。そうしたことばがけは発達援助とはなりません。

コミュニケーション能力：コミュニケーションの語源的な意味には，"to make common＝分かち合うこと""人と人の関わりの喜びや楽しさを知らせること"が含まれます。

児はコミュニケーション能力が発達する段階を丁寧に踏んでいます。問題は幼児期以降です。子どもを取り巻く大人は，子どもがことばを話せるようになるにつれて，乳児との交流で大切にしていた「共感・共有」を忘れがちになるようですが，子どもに傾聴し，共感することが大切です。

　この事例の中で，保育士の弥生先生は，他者の存在と他者の気持ちを理解させるために，一人一人の子どもをよく見，耳を傾けて年齢に応じた援助をされています。コミュニケーション能力の育成のためにも大切なことです。

　「ひとの振り見てわが振り直せ」という諺があります。ここで，他者と自己の問題について，他者認識と自己意識の発達についてみてみますと，他者認識の方が自己認識よりも先に発達します。子どもは，自分のことよりも他者のことが気になるのです。それは，自分は自分から見えにくい存在ですが，他者ははっきりと見えるからです。

　事例にあるような，鏡の中に自分の姿を認め，自分の存在を確認することができるのは1歳過ぎになってからです。この，保育室の鏡は，乳幼児が自分を確認するという点で大変意味のあることだと考えられます。他者評価と自己評価についても，上記と同様，他者評価の方が先に発達します。

　児童期になると親や教師が不公平であるとか，えこひいきをするという批判（他者評価）ができるようになりますが，**自己評価**ができるようになるのは，他者評価とピアジェのいう脱中心化の後だと考えられます。

　他者の存在と他者の気持ちの理解といっても，年齢によって発達の課題が異なるのは事例にあるとおりです。3歳では，自分がほしいものがお友達もほしい時があることを理解させるために保育者はことばがけをしています。そのことばがけで，翔ちゃんはミニカーを清人ちゃんに貸しました。清人ちゃんがありがとうといって遊ぶ姿を見て，それまで気のつかなかった大切なことを学習したと思われます。

　5歳では，頭ではわかっていても，自分の気持ちを整えて行動に移すことはできません。それで，自分のしたいことを主張し合ってけんかをしてもつまらない，後味が悪いという体験をさせています。まさに，からだで考えさせておられるのです。次回，同じような場面に遭遇したとき，蓮くんと大地くんがどのような行動をするかが楽しみです。

　保育の基本は，保育者が常に子どもの内面を見つめる目をもち，子どもとの関わりを深めることにあります。そしてそれが保育の実践力を高める基盤になっています。子ども一人一人が今，何を必要としているかを感知して，チャンスを捉え，その子どもの発達段階に合ったことばがけ，働きかけをすることができる保育者を目指したいものです。それは，ヴィゴツキーのいう発達の最近接領域の教育です。

自己評価：何を自己評価とするかにもよりますが，自己評価は大人になっても困難な場合があります。他者には厳しくても自分には甘い人がいるのはそのためです。

保育の基本☞第1章／① 保育とは（p.16）参照

7 「さっちゃんのひとり言」（考えるための言葉）

　朝，お食事を終えて登園の準備を始めると，4歳のさっちゃんは急いで段ボールのおもちゃ箱に行く。そして，おもちゃ箱の中にごちゃごちゃと入っている自分のおもちゃを眺めては，手にとったりして考えている。

　「どれにしようかなあ…」小さな声でつぶやいている。「このクマのぬいぐるみがいいかなあ…真理ちゃんが"かわいいね"って言うかな？」

　そういいながらもくまをおもちゃ箱に戻して，今度は羽子板と羽根を取り出した。

　「これがいいかな…これだと博樹くんがやろうやろうって言うかな……」「でもみんなに取られちゃうかも」「羽根がなくなるかもしれないし」「どこかへ行っちゃうとお母さんが困るかなあ……」次から次へと独り言を言いながらおもちゃを選んでいる。毎朝，同じようなおもちゃを手に取ったり，戻したり。

　その時間はさっちゃんが唯一自分でその日1日のある時間をスケジュールするひと時である。子どもたちは多くの時間を，保育所のデイリープログラムの通りに動くからだ。

　さっちゃんの保育所では，自宅から一つだけおもちゃを持ってきて良いことになっている。

　園はこう考えた。

① 保育所に通う子どもたちは，朝から夕方まで保育所にいて自分のおもちゃで遊ぶ時間がない。まして友達とは，保育所を休んでいる日曜日以外自分たちのおもちゃで遊べる機会はない。

② 登園して園のおもちゃだけで遊ぶのではなく「自分の物・自分と家をつなぐもの」で遊ぶことは，子どもにとって嬉しい体験になる。

③ 登園前におもちゃを選ぶときに，「このおもちゃで誰と遊ぼうか」と考え，遊びの展開を思い浮かべる。真剣に想定することもまた，大きな学びとなる。

④ 自分のおもちゃを友達から「貸して」と言われたときにどう対応すべきか，子ども自身が考えるようになる。

　「まだ自分も遊びたい」「貸して壊れたらどうしよう」「この間みたいに別の友達にまた貸しされたらどうしよう」などなど，いろいろな不安が浮かぶけれど，「でも貸してあげないといじわるみたいだ」「自分が貸してほしいときに貸してもらえなくなるかもしれない」，そう思って「はい」と貸してあげる。

自分のおもちゃだからこそ，真剣さが違う。

おもちゃ選びに迷っているうちに，保育所に行く時間が来てしまった。

「さっちゃん，もう決まった？」とお母さんの声。

「まだ…」

「そう。早くね」

さっちゃんは仲良しの真理ちゃんと遊ぶことにして，クマのぬいぐるみを出して抱っこした。

「くまさん持っていくの？」とお母さん。

「うん，真理ちゃんと遊ぶの」

「そう。真理ちゃんと仲良しね」

母と子の大切な会話である。この場面だけでも母親には子どもの保育所での様子がわかるのである。

● 解　説

■ことばの発達の視点から

　毎朝，登園前に保育所に持っていくおもちゃを選ぶさっちゃん。自宅の自分のおもちゃを毎日自分で一つだけ持って登園してよいという，さっちゃんの通う保育所の約束事には，子どもの発達を願う4つの思いや考えがこめられています。保育所の日々の活動の中に自然なかたちで埋め込まれた，子どもの発達を支援するための配慮が感じられます。たった一つの約束事に，こんなにも豊かな意味があるということ，あらためて保育という営みの深さに気づかされます。

　4歳のさっちゃんは，次々と独り言を言いながら，おもちゃ箱の中から今日持っていくおもちゃを選んでいます。「どれにしようかなあ……」というさっちゃんのつぶやきは，だれか他人（相手）に向けられた発話ではありません。おもちゃを一つだけ選ぶという課題を解決するために，さっちゃんが

一人で考えている場面での**独語**（独り言）です。こうした独語は，幼児が問題を解決しようとしたり，何かすること（行為）を計画したりするときに増えることが観察研究によって知られています。

この年齢の頃には，頭に浮かんだこと考えていることを口に出しながら遊んでいる姿がよくみられます。そうした独語をピアジェは，「自己中心語」とよんでいます。また，ヴィゴツキーによれば，「**内言**」に発展していく過渡期に多くみられるのが独語です。こうした独語は，考えるためのことばを用いて頭の中だけで思考できるようになると消えていきます。

「さっちゃん，もう決まった？」というお母さんの問いかけから始まる，さっちゃんとお母さんの会話にみられるように，大人→子ども→大人……と，交互に会話ができるようになっていくのは，3歳頃からといわれています。会話のルール（公準）である，順番を交替して発話する，前の話し手の内容につながりがあるように次の話し手が話すことなどが，この事例にみられます。4歳のさっちゃんは，会話のルール（公準）を獲得しつつあることがうかがわれます。

ふだんの生活を共にしている親や保育所の先生方は，子どもの発する短いことばからも多くの意味や状況を汲み取って子どもに応えます。まだ充分とはいえない子どもの発話に温かくていねいな応答がなされます。そうした大人の受容的なかかわりが，子どもにとって，ことばを用いたコミュニケーションを少しずつ発達させていく支えとなります。話し言葉は，特別の系統だった学習や**教え込み**によるのではなく，こうした子どもとまわりの人たちとの日常的なやりとりのなかで発達していきます。教え込みや無理強いは，むしろ逆効果であるばかりでなく，問題を生じた臨床例も報告されています。

■移行対象

さて，「自宅から一つだけおもちゃを持ってきて良いことになっている」というルールは，事例にあげられた①〜④の配慮事項の②と関連して，幼児の年齢や場合によっては，持っていくおもちゃが「移行対象」の役割も果たすものと思われます。**移行対象**というのは，よく知られた例として，スヌーピーの漫画「ピーナッツ」に出てくるライナスという男の子がいつも手放さずに持っているあの毛布（セーフティー・ブランケット）のような物のことです。ほかに，タオルやぬいぐるみなどがよく移行対象とされるようです。生後1年半から2年目くらいにかけて母親との分離など，乳幼児にとってストレスフルな状況を経験するとき，いつも愛着をもっているぬいぐるみなどを持つことが乳幼児の情緒を穏やかにする機能があるとされています。

保育所に入園して間もない，園生活にまだ慣れない時期や，普段はすでに保育所での生活に適応ができている子どもでも，家庭に何か心配な事情が生

独語☞第2章／❸伝えるためのことば・考えるためのことば（図）（p.51）参照

内言☞第2章／❸伝えるためのことば・考えるためのことば（p.50）参照

教え込み☞第2章／コラム「幼児早期教育への関心の高まり」（p.52）参照

移行対象：ウイニコット,D.W.の術語。

じたときや身体の調子が良くないとき等，時として不安な心を抱えて登園する日もあることでしょう。
　子どもが肌身離さずもっているおもちゃなどを保育所に持っていくことは，不安を軽減する役割があるものですから，持っていってはいけないと取り上げて家に置いていくように叱ったり，保育所でも，他の子どもに貸してあげるように無理強いしたりしないで，見守ることが大切です。いずれ，自然に必要としなくなる時がきて，すっかり見向きもしなくなるものです。さっちゃんは，4歳ですので，一般的にはその年齢にはもう移行対象は必要ではありません。しかし，そうした年齢の子どもでも，先述したように，何か情緒の不安定なとき，移行対象のような役割を果たす対象（モノ）があると安心できることもあると思われます。

4月，年少から年中クラスになって担任が代わったばかりの頃，家で折った折り紙をにぎって登園していた園児の例もあります。(『3年間の保育記録』2004)

8　「だれのか覚えてるよ」（記憶の発達）

　１歳児の保育室の昼食時間は忙しくて，にぎやかだ。
　１歳児の保育士定数は多くの区市町村では国の基準を上回って４対１になっており，また，120人定員の保育所では乳児定員は30人位を基準にしているので，０歳児12人，１歳児18人，そして保育士が５人，という大所帯での生活になっている保育所も少なくない。
　保育室の１歳児クラスは「４月１日時点で１歳」ということなので４月２日に２歳の子どももいて，秋になるころには半分以上が２歳及び２歳半の子どもたちで構成されることになる。お話が十分にできる子どもとまだ喃語程度の子どもとが混在していて，共同生活は子どもたちにとっても苦労がある。
　でもお昼の時間は皆待ち遠しい。皆で机に座って井戸端会議のように話したり，隣の子と突っつきあったり……
　保育士にとっては最も多忙な時間である。子どもたちの排せつを済ませて，それぞれのテーブルにつかせ，５人の保育士のうち休みや出張遅番の保育士を除く４人ほどで役割分担をする。忙しいが皆手際よく，外部の人が見学に来ると「１人でも大変な１歳児を，まあ24人もよく保育できること」と感心されるのである。
　配膳し，お手ふきを配り，顔や手をふかせ，そしてふざけ過ぎて争いになる子の気を紛らわせて……
　エプロン１枚とお手ふき３枚は毎朝保護者が送ってきたときに３つのかごに分けて入れてもらう。朝のおやつ用のお手ふき１枚，昼食用のお手ふきとエプロン各１枚，そして夕方のおやつ用のお手ふき１枚。
　親が毎日洗って持ってくることはなかなか難しいため，少なくとも９枚程度のお手ふきを用意してある。もちろん，色・柄・大きさは子どもによってさまざまである。
　だから保育所では「必ず名前を書いてください」としばしば伝えている。でも名前のないお手ふきは多くある。
　保育士は「また，名前がないんだから……　誰のか分からないじゃない……」とぶつぶつと愚痴を言う。子どもたちは暇である。それを聞きながら何にもない机に座って両手でトントンと机を叩くしかないのである。することがないのでよく見ている。保育士の様子も手に持っているお手ふきも。

　「また，お名前がないわ……」というが早いかある子どもが言う。「それ，

かんたちゃんの……」「あ！それ，みよちゃんの！」「それはぞうさんがついてて，きいちゃんのだ」（1歳児クラスには，すでに2歳になっている子もいる）

保育士は「はい，かんたちゃん」「はい，みよちゃん」「はい，きいちゃん」と子どもの言うとおりに配っている。でも絶えず「どうして名前書かないのでしょうね……」と言い，時には「ママに書いて！ってお願いしておいてね」と言っている。

名前が書いてあったとしても子どもは字が読めない。でも名前が書いていなくても子どもには誰のものかはわかる。お手ふきの柄に関心が強いからである。

保育士は記名に頼り，記名しない親を批判するのでいつまでも覚えられない。

大きな上着が忘れものとして置いてあり，昨日まで誰が着ていたのか保育士の記憶になくて，子どもの記憶にはあるという場合も多い。

子どもの記憶に助けられて，食事やおやつのお手ふきは無事その子のテーブルに置かれるというわけである。

● 解　説

おむつのモコモコしたおしりをしたヨチヨチ歩きの幼児にも，記憶する力があります。誰かの動作を見た直後にその場で模倣（もほう）するだけでなく，時間が経過してから模倣する様子は，すでに9か月児にもみられるといわれています。1歳半を過ぎた頃からは，数時間あるいは数日経ってからの，「**遅延（延滞）模倣**」と呼ばれる模倣がよく見られるようになります。

幼児の記憶力はまだ十分に発達しているわけではありませんが，日常の生活においては，幼い子どもの記憶力に驚かされることがあります。この事例

遅延模倣☞第2章／③
記憶の発達（P.47）参照

にある，多種多様なお手ふきについての記憶や，忘れものの上着がだれのものかを記憶しているのも，大人顔負けの記憶力です。

　事例の1歳児クラスの子どもたちは，それぞれのご家庭で用意してもらった「色・柄・大きさ」のさまざまなお手ふきを，昼食時に保育士さんに配ってもらっています。大人（保育士さん）にはとうてい覚えきれない一人一人異(こと)なったお手ふきを，わずか生後1，2年しか経っていない幼児たちが，「それは『かんたちゃんの』」，「それは『みよちゃんの』」お手ふきと言っています。「『ぞうさん』の柄のは『きいちゃんの』」お手ふきと言っている子どももいます。お手ふきの模様に注目して弁別(べんべつ)しているようです。さまざまな色目や絵柄，大きさなど，物理的な特徴を弁別して記憶・保持(ほじ)しているのでしょう。

　このように，幼児期にも記憶の活発な活動がみられますが，"ことば"についてはどのくらい記憶できるのか調べてみるための心理学実験も試みられています。そんな中で，次のイストミナ,Z.M.の実験結果は示唆(しさ)に富むものです。子どもにただ単純に単語を記憶させて，その後いくつ再生できるか調べる実験と，「ごっこ遊び」のなかでお店屋さんに行って買ってくる品物を思い出して買い物をする，という記憶実験を行っています。二つの実験結果を比較して，単語を記憶することを強制される（覚えさせられる）実験よりも，お店屋さんごっこという楽しい遊びの方が子どもの記憶できる単語数が多いという結果が報告されています。子どもの記憶力は年齢によって発達しますが，この実験結果からは，年齢の発達によるだけではなく，課題状況によって記憶力が変わることが推察(すいさつ)されます。実験室の中での，子どもにとって興味のないことについての記憶実験の状況においてはまだ多くは記憶できない年齢でも，お店屋さんで買うものを覚えて思い出すという，生活の中の必要性のある状況ではより多くの記憶が可能となるということがうかがわれます。

　にぎやかな保育室の昼食時間，「また，お名前がないわ……」「ママに書いて！ってお願いしておいてね」という保育士さん。保育士さんが誰のか解らないお手ふきを，子どもたちが一枚一枚教えてあげるという，毎日，繰り返されるやりとり。子どもたちも，忙(いそが)しく立ち働きながらの保育士さんも，ともにやりとりを楽しんでいる様子が伝わってきます。こうした人と人とのコミュニケーションのなかでこそ，子どもの発達が促されていくのでしょう。

9　「葉っぱのお皿」（象徴機能の獲得）

　まだ歩き始めの陽菜ちゃんは，歩くのが楽しくて仕方がない。先生が「陽菜ちゃん，おいで！」と言うと，一直線に全速力。でも転んでしまう。転んだとたんに今までのいっぱいの笑顔は大泣きになる。驚いたのと，痛いのと…。もう手がつけられないほどの泣き方である。しかし「痛かったね。痛いの痛いの飛んで行け！」と言いながら痛い足に触った先生の手が空に向かって動くと，先生の手を目で追いながら泣き止むのである。こんな経験は子育ての中ではしばしばみられる。

　「うそこ」は3歳くらいからの子どもの遊びの場面ではよく見られる。ままごとをしている詩織ちゃんはお母さん役になり，お食事の支度をしていた。「うそこのお皿に，ハンバーグいれて……」　手を動かしながら独り言を言いながら，大きな葉っぱの上に紙に書いたハンバーグを載せている。自分が毎日食事で使っているお皿に葉っぱを見立てるには，「うそこ」という言い訳が必要なようだ。1歳児では葉っぱを出してそのままお皿としても疑問はない。

　絵本「あかがいちばん」（キャシー・スティンソン作／ほるぷ出版）では，主人公の「わたし」が「赤かすきなのに　お母さんたら何にもわかってないんだよ」といって次々に場面を紹介する。たとえば，お母さんは「そのパジャマは薄いので風邪ひくよ」というけれど「私はそのパジャマだとねているあいだ，おばけを追っ払ってくれるんだ」という。「赤いコップもみどりのコップも同じでしょ　みどりについじゃったから，みどりのコップで飲んで」というお母さんに対し，私の内心は「だって赤いコップのほうがジュースはだんぜんおいしいの」という。「あかいえのぐがない」という私にお母さんは「あら，もうあかはほとんどないわね。かわりにオレンジつかったら」と言う。「だけど　赤いえのぐをつかうとうたがきこえてくるんだよ」。この本が子どもたちに人気があるのは，おばけを追っ払う，ジュースの味がおいしくなる，歌が聞こえる絵の具，と子どもが空想を実感できるからである。

　大人はこのような子どもの状態を利用して，ぬいぐるみのクマを蹴飛ばす子どもに「くまちゃんが痛いでしょ，ダメよ」と言う。絵本を破った子どもに「絵本さんがいたいいたいって言ってるよ」という。しかし，このことが自然なのは3歳くらいまで。子どもは「クマのぬいぐるみや絵本は痛くない，痛いから蹴飛ばしたり破ったりしてはいけないのではなく，大切なものだから蹴ったり破ってはいけないのだ」と言う方が理解できるようになる。

子どもは「鳩サブレー」を食べる。頭からかじるのである。痛くない，生きていないと思うから食べることができるし，許される。子どものしつけに真実でないことを利用するのは時として容易であるが，気をつけたいことでもある。

● 解　説

■「ごっこ遊び」

　子どもたちの好きなままごと遊びは，「**ごっこ遊び（make-believe play）**」といわれる遊びの一つです。ごっこ遊びは，ピアジェのいう「**象徴遊び（symbolic play）**」とほぼ同義とされています。お医者さんごっこ，電車ごっこ，ままごと等のように，ごっこ遊びは，その活動内容が子どもの日常生活における経験を材料として再現されることが多いものです。しかし，単に現実の日常経験が再現されるだけではありません。幼児期初期の単純なパターン化したごっこ遊びから，幼児期中期，後期と，その内容は想像力を生かした創造的なごっこ遊びへと変化・発達していきます。

　この事例の詩織ちゃんは，おままごとのなかで葉っぱをお皿に見立てています。こうした見立てができるということから，「**象徴機能（symbolic function）**」が活発に働き始めていることがうかがわれます。

象徴遊び（ごっこ遊び）☞第4章／③幼児後期（p.74）参照

〈思　考〉
皿のイメージ

〈象徴（シンボル）〉　　〈指示対象〉
葉っぱ　―物の見立て―　皿

　乳児期の終わり頃から，積み木を自動車にみたてたり，腕を脇につけて回しながら電車（汽車）が走っている動作をしたりして遊びます。現実の事物やことがら（事象）を，それを代理する別のモノに変換すること，すなわち「象徴機能」をつかって遊んでいるわけです。「象徴機能」をつかえるということは，目の前にある実際の物や事を変換して，内面（心の中）で取り扱うことができるようになったことを意味します。「思考」の働きの特徴である内面性を獲得しつつあるということです。このことは，"**認知発達**"や"ことばの発達"にとって非常に大切なことと考えられます。

象徴機能☞第2章／②思考の発達（p.45）参照

認知発達☞第2章／⑤ことばの発達（p.48）参照

■想像力，「アニミズム animism」

　事例には，子どもが空想を実感できる絵本として，「あかがいちばん」が取り上げられています。子どもが想像力を豊かに働かせ，ひととき現実の世界から放たれて，ものがたりの世界に存分に遊ぶ経験は，発達にとって非常に大切です。子どもとイマジネーションを共有できるような瑞々しい感性をもった保育者（大人）となって欲しいと思います。

アニミズム☞第2章／②
思考の発達（p.45）参照

　また，ある時期までの幼児には，ぬいぐるみのクマを蹴飛ばしたら「くまちゃんが痛い」と，ぬいぐるみをまるで生きている動物のようにとらえる様子がみられます。ピアジェが，「**アニミズム（animism）**」とよび，幼児期の心理的特徴の一つとしているものです。生命のないものに，生命や意志，意識などの心の働きを認めることを指します。一方，動物をかたどったビスケットを頭からかじるという，事例にみられるような子どもの姿もあります。一般に，子どものよく知っている対象については，アニミズム反応が少ないといわれています。

　■**より深い学びのために**
　ごっこ遊びの発達については，内田（1989，2008改訂版 p.69〜78）に，幼児期初期から後期にかけてのごっこ遊びの観察記録が報告され，その分析が詳述されています。

引用・参考文献

第1章

小口忠彦『人間のこころを探る　パーソナリテイの心理学』産能大学出版部　1992

池田裕恵・志村正子編著『子どものこころ，子どものからだ』八千代出版　2003

グリーンフィールド,S.　新井康充『脳が心を生み出すとき』草思社　1999

藤永保・森永良子編『子育ての発達心理学』（実践・子育て講座1）大修館書店　2005

ワロン,H.　浜川寿美男訳編『身体・自我・社会―子どものうけとる世界と働きかける世界』ミネルヴァ書房　1983

詫摩武俊編著『基礎乳幼児・学童心理学』八千代出版　1989

小口忠彦編著『人間の発達過程　ライフサイクルの心理学』明治図書　1983

教師養成研究会幼児教育心理学部会『保育心理学　幼児の心理と保育』学芸図書株式会社　1987

小田豊・青井倫子編著『幼児教育の方法』北大路書房　2004

文部省『幼稚園教育指導資料第3集　幼児理解と評価』チャイルド本社　1992

石井正子・松尾直博編著『教育心理学　保育者をめざす人へ』樹村房　2004

澤口俊之『幼児教育と脳』文藝春秋　1999

小泉英明『脳は出会いで育つ―「脳科学と教育」入門』青灯社　2005

河合隼雄『子どもと学校』（岩波新書）岩波書店　1992

第2章

吉田章宏『教育の方法』放送大学教育振興会　1991

梶田正巳編『子どもはどう発達するか―生命の誕生から就学前後まで』有斐閣選書　1980

ブロンフェンブレーナー,O.　磯貝芳郎・福富護訳『人間発達の生態学』川島書店　1996

マズロー　上田吉一訳『完全なる人間―魂の目指すもの』誠信書房　1962

ミネルヴァ書房編集部編『保育所保育指針　幼稚園教育要領　解説とポイント』ミネルヴァ書房　2008

柴崎正行・森上史朗『環境』東京書籍　2000

河合雅雄『子どもと自然』（岩波新書）岩波書店　1990

藤田紘一郎『バイキンが子どもを強くする』婦人生活社　1999

瀬江千史『育児の生理学　医学から説く科学的育児論』（改訂版）現代社　2007

小口忠彦『人間のこころを探る　パーソナリテイの心理学』産能大学出版部　1992

今田寛『恐怖と不安』（感情心理学3）誠信書房　1975

岡本依子他『エピソードで学ぶ乳幼児の発達心理学』新曜社　2004

Lewis,M.　The emergence of human emotions. In M. Lewis & Haviland (Eds.)　Handbook of emotions. Guilford Press, pp.223～235　2000

小口忠彦編著『人間の発達過程　ライフサイクルの心理学』明治図書　1983

斎藤公子・小泉英明『映像で見る子どもたちは未来―乳幼児の可能性を拓く』フリーダム　2009

小泉英明『脳は出会いで育つ―「脳科学と教育」入門』青灯社　2005

澤口俊之『「私」は脳のどこにいるのか』筑摩書房　1997

池田裕恵・志村正子編著『子どものこころ，子どものからだ』八千代出版　2003

西原克成『赤ちゃんの生命のきまり』言叢社　2001

池田裕恵・高野陽編著『子どもの元気を育む保育内容研究』不昧堂出版　2009

丸山尚子編著『子どもの生きる力は手で育つ』黎明書房　2008

Gibson,E. J. & Walk,R. D.　" The 'Visual Cliff "　Scientific American, 202, 64-71　1960

ギブソン,J.J.　古崎敬他共訳『生態学的視覚論―ヒトの知覚世界を探る』サイエンス社　1985

山口真美・金沢創「視覚の発達」日本発育発達学会編『子どもと発育発達』Vol.4(1)　杏林書院　2006　p.4-5

ピアジェ,J. & イネルデ,B.　波多野完治・須賀哲夫・周郷博共訳『新しい児童心理学』（文庫クセジュ）白水社　1969
レネバーグ,E.H.　佐藤方哉・神尾昭雄訳『言語の生物学的基礎』大修館書店　1974
ヴィゴツキー　柴田義松訳『思考と言語．上・下』明治図書出版　1962
ミラー,G.A.　無藤隆・久慈洋子訳『入門ことばの科学』誠信書房　1983
やまだようこ『ことばの前のことば －ことばが生まれるすじみち1』新曜社　1987
子安増生『心の理論 － 心を読む心の科学』岩波書店　2000
ミッチェル,P　菊野春雄・橋本祐子訳『心の理論への招待』ミネルヴァ書房　2000
井上ひさし『にほん語観察ノート』（中公文庫）中央公論新社　2004
天野清『子どものかな文字の習得過程』秋山書店　1986
天野清『音韻分析と子どものliteracyの習得』教育心理学年報27　1987　p.142-164
大六一志『モーラに対する意識はかな文字の読み習得の必要条件か?』心理学研究66　1995　p.253-260
東洋他『幼児期における文字の読み書き能力(7)：読みテスト低得点児の分析』日本教育心理学会総会発表論文集(37)　516　1995
内田伸子『発達心理学－ことばの獲得と教育』岩波書店　1999
文部科学省『幼稚園教育指導資料第2集』　世界文化社（平成4年初版，平成18年第16版）

第3章

エリクソン,E.H.　仁科弥生訳『幼児期と社会1，2』みすず書房　1977，1980
下条信輔『まなざしの誕生』新曜社　1988
ボウルビィ,J.　黒田実郎他訳『母子関係の理論1』岩崎学術出版社　1977
バウアー,T.G.R.　岡本夏木他訳『乳児期 － 可能性を生きる』ミネルヴァ書房　1980
バウアー,T.G.R.　鯨岡峻訳『ヒューマン・ディベロプメント－　人間であること・人間になること』ミネルヴァ書房　1982
Ainsworth, M.D.S. et al.　Patterns of Attachment：A psychological study of the strange situation. Lawrence Erlbaum Associates　1978
中島義明他編『心理学辞典』有斐閣　1999
中島義明・繁桝算男・箱田裕司編『新・心理学の基礎知識』（有斐閣ブックス）有斐閣　2005
藤永保他著『人間発達と初期環境 － 初期環境の貧困に基づく発達遅滞児の長期追跡研究』有斐閣　1987
Parten,M.D.　Social participation among pre-school children. Journal of Abnormal and Social Psychology, 27, 243-269　1932
畠山美穂・山崎晃「自由遊び場面における幼児の攻撃行動の観察研究」『発達心理学研究』Vol.13(3)　2002　p.252-260
藤永保『発達環境学へのいざない』新曜社　1994
永野重史・進野智子編著『幼児が夢中になるとき－幼児が自ら関わる環境の工夫と援助の見直し』北大路書房　2005

第4章

小口忠彦監修『人間の発達過程　ライフサイクルの心理学』明治図書　1983
スラッキン,W.　佐藤俊昭訳『人間と動物の初期学習』（現代心理学の展開4）誠信書房　1976
川上清文・内藤俊文・藤谷智子『図説乳幼児発達心理学』同文書院　1990
山内逸郎『新生児』岩波新書　1986
スターン,D.N.　小此木啓吾・丸田俊彦監訳『乳児の対人世界（理論編・臨床編）』岩崎学術出版社　1989
立花隆『環境ホルモン入門』新潮社　1998
新井邦二郎編著『図でわかる発達心理学』福村出版　1997
池田裕恵・志村正子編著『子どものこころ、子どものからだ』八千代出版　2003
平井信義『保育者のために』新曜社　1986
エリクソン,E.H.　小此木啓吾訳『自我同一性』誠信書房　1973
ハヴィガースト,R.J.　荘司雅子監訳『人間の発達課題と教育』玉川大学出版部　1995

NHK「14歳・心の風景」プロジェクト編『14歳・心の風景』日本放送出版協会　2001
村瀬孝雄『中学生の心とからだ－思春期の危機をさぐる－』（新版）岩波書店　1996
森田洋司・清水賢二『いじめ－教室の病い』（新訂版）金子書房　1994
コーチン,S.J.　村瀬孝雄監訳『現代臨床心理学－クリニックとコミュニティにおける介入の原理』弘文堂　1980

第5章
村田保太郎『保育の根っこにこだわろうⅠ』全社協　1990
小口忠彦編『新学習心理学基本用語辞典』明治図書　1983
平凡社『心理学事典』1981
Winnicott,D.W.　Playing and Reality　Basic Books 1971（ウィニコット,D.W.　橋本雅雄訳『遊ぶことと現実』岩崎学術出版　1979）
文部科学省特別選定『3年間の保育記録』（映像資料）岩波映像　2004
村瀬嘉代子『子どもと大人の心の架け橋　心理療法の原則と過程』金剛出版　1995
永野重史『発達とはなにか』（シリーズ人間の発達8）東京大学出版会　2001
ナイサー,U.　富田達彦訳『観察された記憶－自然文脈での想起（上）（下）』誠信書房　1988, 1989
内田伸子『想像力－創造の泉をさぐる』講談社　1994
内田伸子『幼児心理学への招待－子どもの世界づくり』サイエンス社　1989, 2008改訂
守屋慶子『子どもとファンタジー　絵本による子どもの「自己」の発見』新曜社　1994
ガーヴェイ,C.　高橋たまき訳『「ごっこ」の構造：子どもの遊びの世界』サイエンス社　1980
内田伸子『ごっこからファンタジーへ－子どもの想像世界』新曜社　1986

■さくいん

あ 行

アイデンティティ　81
愛着（アタッチメント）　54
アニミズム　46
甘え　73
安全基地　55
１語文　49
一対比較法　20
逸話記録法　20
遺伝優位説　21
運動機能　39
叡智　84
エリクソン　9
横断法　15
奥行き知覚　43
音韻意識　51

か 行

カウンセリングマインド　17
外言　50
学習　25
仮想現実　28
可塑性　7
感覚　42, 68
感覚運動の段階　45, 47
環境　26
環境優位説　21
観察法　20
間主観性　28
感情　31
記憶方略　47
危機　62
記号　29
基礎的運動　39
基本的信頼　11, 53, 76
基本的生活習慣　76

ギャングエイジ　57, 79
嗅覚　44
吸啜反射　69
共同注意　35, 49
疑惑　34, 73
クーイング　48
具体的操作期　45, 46, 47, 79
比べない評価　19
比べる評価　19
形式的操作期　45, 47, 80
原始反射　39, 53
けんか　78
口唇探索反射　69
呼吸機能　38
刻印づけ　63
心の理論　47
個人差　82
個性化　16, 29
ごっこ遊び　74, 115
子どもの環境世界　25

さ 行

罪悪感　75
視覚　42
自我の強さ　62
自己意識　28, 34
思考の発達　45
自己感　33
自己肯定感　35
自己表現の欲求　27
思春期危機　81
自然観察法　15
自尊心　34
児童期　79
指導計画　18
自発性　74
社会化　16, 29

社会的参照　35
縦断法　15
羞恥　34
シュプランガー　81
循環機能　38
順序性　8
象徴機能　45, 115
初期経験　63
初語　48
自律　73
自立　73
事例研究法　15
人格的活力　10
新生児反射　69
新生児微笑　54
人生周期　61
身体機能　36
身長　36
親友関係　81
心理検査法　20
心理的離乳　81
スキャモン　10
ストレンジ・シチュエーション　55
性悪説　22
省察　18
生殖機能　38
成人期　83
性善説　23
青年期　80
漸成　9, 61
漸成的図式　61
前操作期　45, 47
全能感　33, 71
相互作用説　21
相互性　27, 62
早熟　82

創造　16

た 行

体験から学ぶ　13
第三者評価　18
胎児期　66
胎児期記憶　68
体重　36
対象の永続性　47
体制化　47
第二次性徴　39
第2の発育スパート　82
大脳化　66
タイムサンプリング法　20
探索行動　55
チェックリスト法　20
遅延模倣　47
知覚　25，68
聴覚　44
調整　35
追視反射　69
同一性　62
同化と調節　10

な 行

内言　50，109
仲間関係　57
喃語　48
乳児期　71
乳幼児身体発育曲線　36
脳神経　37

は 行

把握反射　69
ハヴィガースト　83
発達　7
発達加速現象　80
発達課題　9，62
発達曲線　10
発達段階　79
発達の基準　11
発達の最近接領域　16，19，64

バビンスキー反射　69
反抗　34，81
ピアジェ　10，45
人見知り　36
皮膚感覚　45
評価　18
表現　25
表象的思考　45，47，74
評定法　20
複合情動　31
ブリッジェス　32
フロイト　9
保育実践の評価　16
防衛機制　12
方向性　8
ボウルビィ　54
歩行反射　69
微笑み　36

ま 行

マザリーズ　49
マズロー　26
味覚　44
ミュラー・リヤー　15
メタ認知　28
免疫機能　38
免疫力　27
目的　34，76
模倣反射　69
モラトリアム　81
モロー反射　69

や 行

指差し　49
幼児期　71

ら 行

ライフサイクル　61
リハーサル　47
リビドー　9
臨界期　63
ルイス　32

連続性　62
老年期　83

筆 者 紹 介

長谷部　比呂美（はせべ・ひろみ）
お茶の水女子大学大学院人間文化研究科発達社会科学専攻修了・人文科学修士
淑徳短期大学・教授
［著書等］
『保育・福祉専門職をめざす学習の基礎』ななみ書房　2009（共著）
『幼児教育ハンドブック』お茶の水女子大学子ども発達教育研究センター　2004
　（分担執筆）（同英語版『Early Childhood Education Handbook』）
『中退・留年をなくす指導の実践事例』小学館　1993 年（共著）

日比　曉美（ひび・あけみ）
お茶の水女子大学大学院人文科学研究科教育心理学専攻修了・文学修士
前蒲田保育専門学校・講師
［著書等］
『子どもの元気を育む保育内容研究』不昧堂出版　2009（共著）
『子どものこころ，子どものからだ』八千代出版　2003（共著）
『人間の発達と生涯学習の課題』明治図書　2001（共著）
『人間性の心理学―モチベーションとパーソナリティ』産能大学出版部　1987（共訳）

山岸　道子（やまぎし・みちこ）
日本社会事業大学児童福祉学科修了
保育所園長等を経て　前東京都市大学・教授
［著書等］
『養護原理』大学図書出版　2010（編著）
『乳児保育』北大路書房　2009（共著）
『子育て支援』大学図書出版　2007（編著）
『保育所実習』ななみ書房　2006（編著）

撮影協力　　上溝保育園（相模原市）

保育の心理を学ぶ

2011 年 3 月 1 日　第 1 版第 1 刷発行
2017 年 4 月 1 日　第 1 版第 5 刷発行

●著　者	長谷部比呂美／日比曉美／山岸道子
●発行者	長渡　晃
●発行所	有限会社　ななみ書房
	〒 252-0317　神奈川県相模原市南区御園 1-18-57
	TEL　042-740-0773
	http://773books.jp
●絵・デザイン	磯部錦司・内海　亨
●印刷・製本	協友印刷株式会社

©2011　H.Hasebe,A.Hibi,M.Yamagishi
ISBN978-4-903355-30-6
Printed in Japan

定価は表紙に記載してあります／乱丁本・落丁本はお取替えいたします